第三只眼看美国

美国教育地平线

职业
就业
钱途

American Education – Future and Fortune

乔磊 著

暨南大學出版社
JINAN UNIVERSITY PRESS
中国·广州

图书在版编目（CIP）数据

美国教育地平线：职业　就业　钱途／乔磊著．—广州：暨南大学出版社，2010.10

（第三只眼看美国）

ISBN 978-7-81135-633-5

Ⅰ.①美…　Ⅱ.①乔…　Ⅲ.①高等教育—研究—美国　Ⅳ.①G649.712

中国版本图书馆 CIP 数据核字（2010）第 173915 号

·第三只眼看美国·

美国教育地平线：职业　就业　钱途

著　　者　乔　磊
出 版 人　徐义雄
策划编辑　陈　涛
责任编辑　陈　涛　黄方方
责任校对　黄雪芬　苏倩欣
出版发行　暨南大学出版社（广州暨南大学　邮编：510630）
网　　址　http://www.jnupress.com　http://press.jnu.edu.cn
电　　话　总编室（8620）85221601
　　　　　营销部（8620）85225284　85228291　85228292（邮购）
排　　版　暨南大学出版社照排中心
印　　刷　佛山市浩文彩色印刷有限公司
开　　本　787mm×960mm　1/16
印　　张　14.25
字　　数　252 千
版　　次　2010 年 10 月第 1 版　2010 年 10 月第 1 次印刷
印　　数　1—3000 册
定　　价　30.00 元

前　言

教育以传授专门的知识和特殊的技能为目的，它产生的效果体现在人们收入的提高、生产力的提升和价值观念的传承上。教育的这种功能和产生的效益不仅对一个人很重要，而且对一个国家的发展也是至关重要的。

美国经济学家普遍认为，是否接受了正规的教育是个人收入高低和经济增长与否的关键因素。社会的人力资源（人力资本）在获得技能和知识后，增加了其在劳动力市场上的价值。经验、训练和教育是提高人力资本素质的三个基本手段，其中教育又是最主要的手段。

亚洲国家民众对名校有一种特殊的情结，这主要是因为少部分名校能够成为人们一步登天的最主要阶梯。其实在现代教育环境下，名校已不是学子唯一的选择，因为各校皆有所长，选一所适才适已的大学已成为年青学子进入大学的另一种考量。

在美国，民众也有名校情结，但不是太浓。美国的经济危机几乎全面改变了美国家庭选择大学的观念，让众多的家长和学生对学费问题更加敏感。这种趋势显示，家长与学生在选择大学时，已不完全是以名牌大学作为最高和最重要的考量，而是更加注重多方面的因素，这包括教育的投资回报率、专业和就业市场等。而流行的高等教育理念也强调，学子们应借由更谨慎的筛选过程来锁定“付出最小、回收最大”的教育投资效益。

美国经济学家克鲁格给那些即将跨入大学的中学生的忠告是：不要相信没有录取你的大学才是你最值得进入的大学，你上大学比你上什么样的大学更重要。寻找一个学术强项与你的兴趣最相符的大学，而这所大学又是在这一领域里最棒的。要意识到你自己的动力、雄心和才能将比你毕业证书上的校名更加能够决定你的未来是否会成功。

2009 年，美国陷入几十年来最严重的失业危机，大学生也受到影响，失业潮带给大学毕业生精神上的冲击和压力是不可小觑的。

不论哪个国家，人才的培养都要与社会需要相结合。同时，按照经济学理论，教育的社会经济价值也体现在接受教育者收入的提高上。美国的行业林林总总，大的行业有20多个，工作岗位有800多种。大学生从入学起，从某种意义上讲，不仅是吸收知识，而且也是为一生的职业生涯铺路。

职业可以分成白领、蓝领、金领以及绿领，但教育最重要的功能却不会改变，那就是教育会改变人的命运。

在一个人进入大学开始学习生涯时，多数人会考虑到未来的就业市场。如果一个学子在选择专业前能对经济走向、就业趋势有所了解，那么他未来的求职就会受益。在美国，政府有关部门会定期发布各行业发展和人才需求预测报告，这对于求职人员特别是大学生了解就业市场走向有很大的帮助。

如果从职业生涯的角度看，人们寻找工作不仅是想找个“铁饭碗”，而且也期待薪水和福利待遇更好。虽然在经济危机中，人们先要解决“温饱”，然后才能思“小康”，但如果能未雨绸缪，走一步看三步，也许会有更多收获。

名牌大学毕业生在就业市场上有竞争力，热门专业在就业市场上也有竞争力，但就业市场会受到经济的影响。在经济危机中，名牌大学毕业生也未必能找到理想的工作，热门专业也会抵不住就业市场萧条的寒流。

2009年，众多的大学毕业生突然发现世界一夜之间变了天。就业市场一片阴霾，对部分大学毕业生来说，别说高薪、待遇好的工作，就是想找蓝领的工作也不易。背负着沉重的大学教育贷款的大学毕业生，从没有像今天这样面临就业的困境。大学生如何在失业浪潮中寻找生机？教育是否还在继续扮演着高收入、低失业率的护身符角色？这一切，都对教育的功能和意义提出了尖锐的挑战。

重视子女的教育是中华民族的一种美德，到了美国后笔者对此感受更深。在美国华裔居民居住较集中的社区，华裔家长会组成家长会，参与学校的事务，相互交流教育子女的心得，探索培养子女成才的途径，了解美国教育的特点和方式。虽然美国的教育方式和教育理念与华裔移民过去所熟悉的教育模式在许多方面存在差异和不同，但父母望子成龙的心态是一样的。在新的教育环境下，人们会有不同的思考，也会产生摩擦和碰撞。然而，教育的本质是相同的，培养创造性人才是教育追求的终极目标。

在中国，教育是社会最关注的行业之一，教育的议题也常常引发社会的讨论。在中国教育改革的道路上，人们会更加关注中国教育的走向，也会比较发达国家教育与中国教育之间的不同以及思考提高中国教育质量的问题。

本书不是一部研究著作，只是笔者对教育的一种粗浅观察和理解，尽管书中也引用了大量的数据。一个国家的教育体系、教育目标、教育手段、教育方式是个系统工程，真正了解一个国家的教育并不是一件容易的事。书中的数据和一些研究报告是笔者几年来基于兴趣而收集的，若有不准确之处，请朋友们以美国官方和有关部门及研究部门的原始数据为准。

在经济危机下，大学生的就业成为社会和民众所关注的问题之一。大学毕业生就业难不仅发生在美国，中国也是如此。本书用一部分篇幅介绍了美国社会及教育界如何看待这样的问题，美国的大学生如何应对这种情况。笔者的感受是，虽然美国的大学毕业生陷于经济衰退所带来的就业困境，但这种状况不会持续太久，在未来两三年内，大学毕业生在就业市场上仍会占据就业上的优势。

在子女接受高等教育的选择上，东方人的名校情结要远远浓于西方人。绝大多数华裔父母都期盼子女能进入美国第一流的大学学习，而且即使省吃俭用也要供孩子读大学。在经济不景气的今天，美国人对教育投资回报率的考量和对大学名校价值的审视，虽然与中国人会有很大的不同，但这种考量却能为我们全面观察美国教育提供不同的角度。

在高等教育中，专业的选择很关键，这不仅是毕业时能否顺利找到工作的保证，而且会影响到一个人一生的职业发展。美国大学的热门专业在入学录取时竞争很激烈，在大学学习期间，学生课业的压力也很大。因此，一个学了要想为未来的发展打好基础，大学期间的勤奋与努力是最基本的。

高等教育的基础是普通教育，京剧《红灯记》中有一段唱词，“栽什么树苗结什么果，撒什么种子开什么花”，讲的就是这个道理。高中教育的基础对于学子在大学的学习十分关键，而大学的学习又对接受更高的教育和职业生涯产生不可忽视的影响。

美国的普通教育是一种通才教育，要求学生打下坚实的知识基础，因而美国高中文理是不分科的。而在大学阶段，文理学科融合在大学前两年的课程中非常普遍。交叉学科、跨学科教学既是美国教育的特色，也是培养创造性人才的手段，这一点很值得中国高等教育部门思考和借鉴。

改革开放30年来，中国在人才培养体制上形成了自己的特色，而留学潮的出现也使得中国人才的结构更加多元化。据国际教育专家预测，在未来20年，中国仍将是世界上到他国留学人员数量最多的国家，这也将使更多的学子有机会接触到不同国家的教育方式和教育环境，从而成为具有全球意识的现代学子。

2009年，笔者在新浪博客上发表了一些有关教育的文章，很多朋友不仅予以关注，而且发表了不少自己的看法和感受，并给予我热情的鼓励，在此向广大的博友表示衷心的感谢。2009年，承蒙新浪网和博友的厚爱，我的博客入选“新浪网最受关注的教育博客”、新浪网十大博客，在此也感谢新浪网博客提供的宝贵园地，使我有机会与众多关心教育的朋友不断沟通。在我的博客中，我会继续就教育问题与朋友们分享相关的资讯和我的感受，也期待更多的朋友能加入教育议题的讨论。我的新浪网博客网址为：http：//blog. sina. com. cn/0202why。最后，我要特别感谢暨南大学出版社及编辑陈涛为本书的出版所付出的辛劳。

乔 磊

2010年于美国洛杉矶

目录 CONTENTS

第三章

专业、就业，市场与机遇

第四章

行业、职业，走向与预测

目录 CONTENTS

第六章

留学、机遇，人才与未来

第一章

教育、价值，投资与回报

□本章导读

教育是有价的吗？从严格意义上说，教育既是有价的又是无价的。人才培养所产生的影响很难用具体的金钱去衡量，这是教育价值之大所在；同时，教育又是有价的，教育的投资是巨大的，一个国家培养人才需要天价的成本。即使作为个体，其在教育上的投资也是人生最重要的投资之一。

教育作为重要的投资，如同任何一种投资一样，讲求回报率。对于教育对社会经济发展的影响，经济学家将其归为可以极大地提高生产力、推动社会的发展。而对于个人而言，教育不仅可以提高受教育者的创造力，而且也可以增加他们的收入。一个人接受的教育越多，其吸取新技术的能力就越强。如果高水平的生产力是高水平人力资本的写照，那么这种高水平的生产力则源自增长的教育水平。

在当今社会，很多人已意识到，教育是保证一个人确立社会、经济地位的基本手段。而在就业市场上，受过教育的人力资本与未受过教育的劳动力大军相比有三点不同：高工资、稳定的职业和更大的获取高收入的机会。

在教育的地平线上，人才的培养已成为国家竞争力的基础。培养什么类型的人才，每个国家都有自己的特色。在教育的抛物线中，大众化的高等教育将使更多人增长知识和提高技能，并进而促进社会的发展与进步。

——作者手记

高等教育的社会经济价值

在2009年的失业浪潮中，值得关注的是年轻人和受过高等教育人群的就业与失业状况。美国年轻人的失业率创50年来新高，达到了24%，而大学毕业生的失业率也创了20年来新高。

与此同时，美国大学学费也在飞快上涨，私立大学一年的学费、食宿费、杂费等教育费用加起来要5万美元左右。过去以低学费著称的公立大学遭遇政府教育拨款减少、教育成本增加的困境，因此也只能在提高学费上做文章。

如全美国公立大学系统最完善的加州，由于州政府财政赤字加大，大学系统受到财源不足的强大压力，学费连番上涨。而2009年9月，加州大学校董会又通过调涨学费计划，2010年属于加州居民的本科生将面临32%的学费上涨的情况，本科生每年的学费将首次突破1万美元。

当大学教育的费用节节升高时，公立名牌大学的毕业生需要8、9万美元的费用才能获得本科学位，而一纸顶尖私立大学的毕业文凭则需要20万美元的费用才能获得。在经济不景气、大学毕业生就业难的情况下，有人提出了"这样的大学学位是否值得去获取"的问题。更重要的是，教育的投资回报率已成为众多学子选择大学的一个主要考虑因素。

我们看到，在中国，2009年9月武汉有54名大学毕业生"回炉"读技校。因此，社会上有人感叹"大学白读了"。如果从就业的角度看，大学毕业生重新"回炉"学中专程度的技能，那么大学所受的教育用职场的标准衡量，说白读了不为过。但从教育学的角度看，任何教育都不可能没用，只不过在现实生活中能应用的程度不同而已。

现在在美国，不少大学毕业生陷入毕业即失业的困境，甚至有的大学生连最普通的蓝领工作都找不到。美国大学生也有"大学白读了"的感慨，但如何面对生活中的这种困境和挑战，美国大学生的解读和选择也有自己的思考。

2007 年，美国拥有大学本科文凭人群的平均年收入是 57 181 美元，拥有高中毕业文凭人群的平均年收入为 31 286 美元，两者的年收入相差 2 万多美元。这意味着什么？从社会财富分配的角度看，这可能意味着贫富差距的拉大；从教育和社会经济发展的角度看，这则意味着教育将极大地改变人的经济状况，意味着投资教育将获得丰厚的回报。

美国的政治人物不断鼓励年轻人完成大学学业，因为这样将使年轻人在社会急需和高收入的行业更加具有竞争力。更重要的是，人才资源雄厚的地区将会吸引更多的企业和资金，提高当地的生产力并推动社会经济的发展。

教育以传授专门的知识和特殊的技能为目的，它产生的效果体现在人们收入的提高、生产力的提升和价值观念的传承上，教育的这种功能和产生的效益对一个国家的发展是至关重要的。作为世界经济大国，美国现在已经感受到了其他国家在人才培养上的成效及其在全球经济发展中对美国形成的巨大竞争力。

虽然人们意识到教育有提高人的素质和生产力的功能，但教育成果对经济的影响有时并不一定会立即显现，可能需要数年的时间才能见到。美国不同的历史时期对教育回报的问题也随经济形势的变化而有不同的看法。20 世纪 90 年代，经济学家普遍认为进一步的教育投资会在经济上取得丰厚的回报；而到了 21 世纪，经济学家则保守地称，教育投资会使一部分人获得丰厚的回报，这种回报未必会惠及每一个在教育上投资的人。

美国经济学家普遍认为，是否接受正规的教育是个人收入高低和经济增长与否的关键因素。社会的人力资源（人力资本）在获得技能和知识后，增加了其在劳动力市场的价值。经验、训练和教育是提高人力资本素质的三个基本手段，其中教育又是主要的手段。

教育推动人们获取新的技能和知识，进而提升生产力，这已成为经济学家的共识。生产力的提高有助于人们使用更多的资源去开发新的技术，建立新的产业和创造新的财富，最终促使经济的增长。对一个国家和社会而言，教育是一种公众利益，社会和个人都会从教育的普及中受益。因此，一个国家对其国民的教育投资符合每一个人的切身利益。

在劳动力市场上，教育对从业人员的素质有着不可忽视的影响。教育不仅可以提高从业人员的创造力，而且也可以增加从业人员的收入。一个人接受的教育越多，其吸取新技术的能力就越强。如果高水平的生产力是高水平人力资本的写照，那么这种高水平的生产力则源自增长的教育水平，而教育程度与收入则成正比。

教育是人生最重要的一项投资

如同前面所讲到的，总体而言，美国一个大学毕业生的年收入会比一个高中毕业生的年收入高 2 万多美元。但如果光看大学毕业生和高中毕业生收入的差异是不全面的，因为还需要考虑大学教育的投资成本问题。

在美国的大学教育中，绝大多数进入大学的人通过自己的财力资源对自己的人力资本进行主要的投资。学生所承担的大学教育成本不仅包括学费和食宿费用，而且还有可预知的毕业后的收入。未来的薪水将构成教育投资经济回报的主体，因此，谈到教育回报问题离不开教育投资成本的评估。

今天，许多家长深深感到，教育是保证后代确立社会、经济地位的基本手段。计算教育投资的回报曾引起经济学家的极大兴趣，经济学家认为，教育对个人来说回报是巨大的。

普林斯顿经济学家克鲁格认为，有证据显示一个人接受的教育每增加一年，其个人的收入就会增加 10%。例如，一个人的年收入为 42 000 美元，如果他经过额外一年的教育或职业训练，他的收入每年会增加 4 200 美元，在职业生涯中他就可以轻易地多挣 3 万至 4 万美元。如果一年的教育投资少于多挣的钱数，余额就是教育投资的纯利润。

当然，教育投资的回报会因人而异，这牵涉到大学教育的质量，如上课班级人数的多少、教师的质量、学校的规模等因素，这些都会对教育的结果产生影响。

据美国劳工部的统计数据显示，在 28 岁至 32 岁的劳动人口中，具有高中学历的人，每年薪水上涨的幅度是 1. 1%，而具有本科学历的人，每年薪水上涨的幅度为 5. 4%。

受过教育的人力资本与未受过教育的劳动力大军相比有三点不同：高工资、稳定的职业和更大的获取高收入的机会。这主要是因为人力资本的提高会提升生产力，从而带动从业人员薪水的提高。从业者教育程度的提高，增加了就业市场人力资本的质量，降低了失业和被迫转行的风险。

在新的信息时代，产业需要的是具有较高技能的人力资源，这种人才的需求比例或将占总就业人员的60%。因此，提高教育质量，确保每一个学生能接受到有质量保证的教育成为美国教育的最主要目标。

教育对经济的贡献主要体现在两个方面，一是奥地利经济学家熊比特的增长理论所认为的，通过新知识的获取提高人力资本的价值。更多的人接受高等教育会产生更多的科学家、分析家、技术专家和投资家，他们会通过新的方式和技术增加人类知识的积聚。

兰德公司所做的一项研究显示，1940—1980 年美国经济 21% 的产值增长归功于美国劳动力大军教育水平的提高。大部分经济学家也都同意，美国经济 10% 到 25% 的增长是由于人力资本提升而产生的。哈佛大学教授凯兹和谷丁研究了从 1915 年到 1999 年教育对美国劳动力大军的影响，他们估计教育投资对经济发展的影响是直接使美国的生产力提高了 23%，占国民生产总值增长的 10%。

二是教育对经济增长的影响是通过知识的传播和扩散，学校提供的教育促使受教育者了解和消化新的知识，教育成为传输新知识的重要手段。

自工业革命以来，对经济发展影响最大的产业是能源产业。蒸汽机的出现促成了西方资本主义的工业革命，而时至今日，能源产业依然是经济发展的命脉产业。科学技术成为拉动经济发展的火车头，而在这火车头中最重要的发动机是什么呢？毋庸置疑，这发动机就是人力资源。

受过良好教育的专业和技术人才将构成发动机的主体，他们的素质和创造性将决定发动机的功率有多大。即使是世界上最好的发动机，如果没有燃料也只能是一台死机，人才这个发动机所需要的燃料即教育。教育是人才培养最基本的手段，而职业教育、职业训练、后续教育甚至终身教育都将使人才这个发动机不断保持正常运转，并在社会经济的发展中为火车头提供持久的动力。

世界强国为何也是教育大国

美国、日本、德国、英国、法国、加拿大、俄罗斯、意大利八个国家简称为八国集团（G8），它们是当今世界经济最发达的大国。这些国家有一个共同特点，那就是教育的先进与发达。一个大国不一定是一个强国，一个强国也未必就是一个大国，而大国如果成为强国，那就叫超级大国。所以一个大国的强国之路离不开教育这一根本基础，人的素质将是强国间竞争的最关键因素。

2008 年，美国 5 岁至 29 岁的人群约占总人口的 34%，这部分人被称为需要接受普通和高等教育的人群，西方其他国家这个年龄段人口所占国家人口的比例从 25% 至 33% 不等。这八个国家基本上实行了普通教育的义务制教育，但在结束义务制教育的年龄段有所不同，德国为 18 岁，美国为 17 岁，加拿大、法国、英国为 16 岁，意大利、日本和俄罗斯为 15 岁。

与此同时，注重儿童的早期教育也是这些国家的一个共同特点。2006 年，法国和意大利几乎所有 3 岁至 4 岁的儿童都接受了教育机构提供的正规学前教育，德国的比例为 97%、英国为 90%、日本为 80%，美国的比例最低，为 48%。在八国集团中，俄罗斯和加拿大则没有数据。

在 5 岁至 14 岁人群中，法国、意大利、英国接受正规教育的比例最高，为 100%，接下来依次为德国 99%、美国 98%、俄罗斯 82%。这个年龄段的儿童主要接受 9 年以下的教育，从比例上看，西方八个大国基本上实现了全民的 9 年义务教育；在 15 岁至 19 岁的人群中，他们主要接受高中程度的教育，在这个年龄段接受高中程度教育比例最高的国家是德国，为 89%，接下来依次为法国 86%、意大利 81%、美国 78%、俄罗斯 74%、英国 70%，日本和加拿大则没有数据。

2006 年，八国集团国家 25 岁至 34 岁人群中获得大学以上教育的比例最高的国家为 55%，最低的国家为 17%，其中，俄罗斯和加拿大的比例最高，接下来依次为日本 54%、法国 41%、美国 39%、英国 37%、德国 22%、意大利 17%。

教育投资关乎一个国家的经济实力，也反映出一个国家是否将教育摆在重要的地位。一个国家对教育的重视，可以从以下两个方面来看：

第一是教育的投资。根据现有的数据，八国集团中有 6 个国家在 2005 年对教育的投资均占 GDP 的 4% 以上。美国是世界经济第一大国，在教育投资上的金额也名列西方大国之首。2005 年，美国人均 GDP 为 41 700 美元，高等教育的投资平均每名学生为 24 400 美元，普通教育的投资平均每名学生为 9 800 美元，教育总投资占 GDP 的 6.7%；英国人均 GDP 为 31 600美元，高等教育的投资平均每名学生为 13 500 元，普通教育的投资平均每名学生为 6 900 美元，教育总投资占 GDP 的 5.2%；德国人均 GDP 为 30 500 美元，高等教育的投资平均每名学生为 12 400 美元，普通教育的投资平均每名学生为 6 900 美元，教育总投资占 GDP 的 4.3%；日本人均 GDP 为30 300美元，高等教育的投资平均每名学生为 12 300 美元，普通教育的投资平均每名学生为 7 300 美元，教育总投资占 GDP 的 4.3%；法国人均 GDP 为 29 600 美元，高等教育的投资平均每名学生为 11 000 美元，普通教育的投资平均每名学生为 7 500 美元，教育总投资占 GDP 的 5.3%；意大利人均 GDP 为 27 800 美元，高等教育的投资平均每名学生为 8 000 美元，普通教育的投资平均每名学生为 7 300 美元，教育总投资占 GDP 的 4.2%。

第二是教师的待遇。教育质量高低的关键因素涵盖教育理念和教学方式，而在这里关键的因素之一在于教师的素质。要想提高教育的素质就要有优秀的教师，而教师待遇又会影响到人们是否选择教师职业。在八国集团中，中小学教师起薪最高的国家是德国，2006 年德国小学教师的平均起薪是 40 300 美元，高中教师的平均起薪是 45 200 美元；美国小学教师的平均起薪是 34 900 美元，高中教师的平均起薪是 33 700 美元；英国小学教师和高中教师的平均起薪均为 29 500 美元；日本中小学教师的起薪也不低，平均为 26 300 美元；意大利小学教师的平均起薪是 24 200 美元，高中教师的平均起薪是 26 100 美元；法国小学教师的平均起薪是 23 300 美元，高中教师的平均起薪是 26 000 美元。应当说，在西方发达国家，中小学教师职业都不是高薪职业，但这一职业工作稳定，福利也不错，在美国是属于中产阶级中等收入阶层的职业。

大众化的美国高等教育

进入21世纪后，美国大学教育有了显著改变，最引人注目的是大学注册学生人数激增。1999年，大学生注册人数为1 500万，现在则是1 840万，平均每年增加4%。美国应届高中毕业生60%以上进入大学，而不少成年人在工作后也重返学校，继续深造。

十年前美国的经济蓬勃发展，许多年轻人因此选择赚钱，而放弃在大学读书。现在由于经济衰退，许多年轻人再次回到校园来“充电”。在美国大学，高达40%的学生年龄超过25岁。

美国为了普及大学教育，各州的公立大学对本州内的学生收取的学费一直都很低，两年制的社区学院每个学分的学费甚至只有十几美元。但这种情形已成为历史。经济不好，各州财政紧张，而最容易砍的就是教育经费，最容易涨的也是大学的学费。以加州为例，近四五年来，加州大学、加州州立大学的学费年年都在上涨。在过去十年，美国大学学费平均每年上涨6%。越来越多的公立甚至私立大学，不得不依靠政府补助。

四年制大学过去是高中毕业生的首选，但如今美国年轻人就读社区学院的人数暴增。目前，有超过40%的学生选择就读社区学院。导致这种情况的原因有许多，第一是学费比较便宜，第二是半工半读的机会比较多，此外，入学的门槛也没那么高，而且在社区学院读两年后，学生还可以转入四年制的大学，学习成绩优异的更可以转入公立的名牌大学。比如加州大学系统每年都会接收一部分从社区学院转来的学生，这些学生在社区学院读两年所获得的学分基本上都可被加州大学系统的学校承认。因此不少学生先读社区学院，再转学到加州大学伯克利分校、加州大学洛杉矶分校等，这样既经济实惠，又有利于半工半读。

在普及大学教育的背景下，学生结构也越来越多样化。在大多数大学里，男女比例分别为60%和40%，而在名校，女生人数与男生人数相差不多，有的学校甚至女生人数多过男生人数。

美国的大学教育越来越强调学习与服务并重。各大学的许多课程秉持义工精神，将课程直接设在需要服务的社区乃至国外。例如，校方鼓励选读医学科目的大学生到诊所或医院担任义工，选读教育科目的学生到公立中小学去做义务辅导员，选读环境科学科目的学生协助商家减少碳排放等。

美国高中生能够进入大学的比例越来越高，而学生读大学的时间也越来越长，那些读五六年甚至七年才能毕业的大学生越来越多。但与此同时，不到四年就提前毕业的大学生也不在少数，这与现在许多高中提供大学选修课程有关，提前学了这些课程的高中生就有可能缩短在大学就读的时间。所以，在很多大学生延后毕业的同时，也有越来越多的学生不用四年就能大学毕业。

在现在的大学生中，许多是家族里的第一代大学生。此外，外国学生和少数族裔学生也比十年前增加了。十年前，妇女担任大学校长的比例只有19%。但今天，以常春藤学校为例，妇女担任校长的比例为将近40%。过去，大部分美国大学生选择的外语课程基本上是法语、西班牙语或德语。现在，汉语、阿拉伯语和日语也成为很多人的首选，特别是汉语，现在受到很大的重视，在公立学校，不少学生从7年级起就可以选修汉语课。

上网搜寻资料几乎已取代图书馆的功能，这也改变了大学的学习和教学方式。此外，每一门课程都有自己的专属网页，学生可以在网页上和同学甚至教授交换意见。然而，校方为了防止学生从网络上剽窃，因此也给教授们提供防剽窃的电脑软件。一旦被发现剽窃，学生的成绩就大打折扣。

此外，美国大学生“贪杯”现象有所升级，直接导致酒后驾驶及与饮酒过度相关的死亡案例的增加。美国全国酒瘾及酗酒学会的报告显示，自1998—2005年，18～24岁的学生因饮酒过量导致的死亡案例稳步上升，由每年1 440例增长到1 825例。同时期，在一个月内曾经狂饮作乐的学生比例也从42%上升到45%。承认酒后驾驶的学生从26%上升到29%。据一般估计，每年大约有70万名学生曾被喝过酒的大学生殴打，有10万起性侵犯案件与大学生饮酒有关。另外，酒后驾驶还使乘客遭殃，与大学生饮酒有关的交通死亡事故中，有一半的死者是乘客。

这就是美国高等教育目前的基本现状，有好也有坏，而一个年轻人在接受教育的过程中如何把握机会，那就要看自己的目标和人生追求了。

近七成美国高中生进入大学

美国之所以能在20世纪成为世界经济强国，与其所建立起的全民教育体系是分不开的。从1910年到1940年，美国普及高中教育，教育的成效惠及整个20世纪的美国。普通教育的大众化，不仅提高了国民的素质，也为美国高等教育的发展奠定了基础。

不断加大对教育的投资成为美国高等教育迅速发展的基础和动力，20世纪70~90年代，美国高等教育的投资占美国全部教育投资的25%左右。从1994年到2009年，美国的教育投资从每年3 662亿美元上升到8 697亿美元。虽然美国教育投资在GDP中所占的比例不是最高，但投资额度却名列世界前茅。

下面我们看一下美国教育发展的一些最新的基本数据：

2009年，美国公立中小学的在校人数为4 980万，学前班至8年级的学生人数约3 500万，9年级至12年级的学生人数为1 480万，另有580万学生在私立中小学就读。

美国公立中小学共雇用330万名教师，教师与学生之比是1：15.2；大约50万名教师在私立中小学任教，私立中小学教师与学生的比例为1：12.8。

2009年，美国投资在公立中小学的资金为5 430亿美元，全美平均每个学生的教育投资为10 844美元，比2006至2007学年增加了161美元。

2009年，美国约有332.7万名学生从高中毕业，其中毕业于公立高中的学生有300多万人，毕业于私立高中的学生有30多万人。在美国的高中毕业生中，约有68.6%的学生进入大学，而女性高中生进入大学的比例达71.5%。

美国高中毕业生进入大学的数据显示，低收入家庭的学生进入大学的比例偏低，而高收入家庭学生进入大学的比例则较高。

美国普通教育的主体是公立中小学，但私立中小学也是普通教育的一个重要组成部分。近几年来，“特许学校”发展很快，“特许学校”指的是由政府出钱、私人管理的中小学。政府支持“特许学校”发展，主要原因是希望通过这种方式提高学校的教育质量和教育资金的有效利用。

美国的公立中小学主要由各州政府投资。虽然各州政府的财政收入有很大差别，但对教育的投资却不敢怠慢。美国中小学的教育投资主要依据各学校的学生人数来计算，目前，美国在每名中小学生身上的教育投资超过 1 万美元。因此，美国的公立中小学不设置重点中小学，也不会奖励那些升入大学学生比例高的高中。

在普及 12 年义务教育过程中，美国普通教育的特点是“有教无类”，每一名适龄儿童都有权利接受国家提供的普通教育，而家长也有责任督促自己的子女完成普通教育。

美国在校大学生 1 840 万

在普及了 12 年义务教育后，美国教育发展追求的一个目标是全民化的高等教育，全面提升美国民众接受高等教育人口的比例。美国总统奥巴马在 2009 年谈及美国的教育目标时曾表示，要使美国成为世界上接受高等教育人口比例最高的国家。

2009 年秋季，全美两年制大学和四年制大学的在校生约为 1 840 万，这比 2000 年增加了 310 万。女性仍是大学生的主力军，大学在校女性学生为 1 050 万人，而男性大学生人数则为 790 万。

美国在校大学生中，有 1 140 万人是全职的大学生，700 万为在职大学生，也就是一边工作一边读书。

2007—2008 学年，美国公立大学学生每年的大学教育费用平均为 11 578美元，私立大学的费用为 29 915 美元。

2007—2008 学年，美国大学本科生中有 47% 的学生获得联邦金融资助，平均金额为6 600美元；62%的学生获得各州的奖学金，平均金额为2 500美元；20%的学生获得大学提供的奖学金，平均金额是5 000美元。

2009年9月17日，美国国会众议院通过了新的学生贷款规划方案，对学生贷款发放政策作出了重大改变，几百万美国大学生将会得到更多的资助。众议院通过的法案终止了“联邦家庭教育贷款计划”，由政府支持的私人机构不再发放贷款，改由政府直接发放。奥巴马总统在2010年预算计划案中提出去除“联邦家庭教育贷款计划”，国会预算办公室估计改换学生贷款发放办法可以在未来10年内节省870亿美元。众议院的方案要求从所省的资金中拨出400亿美元注入联邦佩尔奖学金及用于早期教育、社区学院等，私人贷款机构将被雇用为学生贷款的管理方。2007—2008学年，大约有600万名学生接受联邦奖学金。按照新法案，联邦奖学金最高金额将从目前的5 350美元增加到2010年的5 550美元以及2019年的6 900美元。众议院教育及劳工委员会主席米勒说：“这是有史以来联邦奖学金的最大一笔投资。”

美国的大学系统基本上分为公立和私立两大系统，私立大学由于资金雄厚、生源广泛而在美国大学中享有很高的声誉。但私立大学每年招收学生人数有限，因而公立大学实际上承担着普及大学教育的重任。

公立大学每年招生名额远超过私立大学，因而在教育质量上很难与私立大学匹敌。不过在美国公立大学中已涌现出一大批教育质量高、声誉好的大学，像加州大学系统、得州大学系统等。这些公立大学不仅学费比私立大学便宜很多，而且很多专业学科已进入全美大学同一学科排名的前10位。

在美国，大学并不追求大而全，特别是公立大学。公立大学往往是形成大学系统，在本州内按照地域建立不同的校区，便于各地学生就近上学。当然，一个州的州立大学有一两所质量最高的大学校区，这也成为学生申请入校竞争最激烈的大学校区。

2006年，美国大学在校生超过4万人的学校有20所，它们是：凤凰城大学（远程教育），在校学生人数为16万多；俄亥俄州立大学，在校学生人数为5万多；迈阿密德埃德学院，在校学生人数5万多；亚利桑那州立大学坦普校区，在校学生人数5万多；佛罗里达大学，在校学生人数5万多；明尼苏达大学双城分校，在校学生人数5万多；得州大学奥斯汀分校，在校学生人数近5万；中佛罗里达大学，在校学生人数4.6万；密歇根州立大学，在校学生人数4.5万；得州农工大学，在校学生人数4.5万；

旧金山城市学院，在校学生人数4.4万；南佛罗里达大学，在校学生人数4.3万；宾夕法尼亚州立大学主校区，在校学生人数4.2万；伊利诺伊大学厄本香槟分校，在校学生人数4.2万；休斯敦社区学院系统，在校学生人数4.2万；威斯康星大学麦迪逊分校，在校学生人数4.1万；纽约大学，在校学生人数4万多；北哈瑞斯—蒙哥马利社区学院系统，在校学生人数4万多；普度大学，在校学生人数4万多；密歇根大学安娜堡分校，在校学生人数4万多。

2009—2010学年，美国大学预计有74万名学生获得大专文凭；163.4万名学生获得学士学位；65.9万名学生获得硕士学位；9.4万名学生获得职业性博士学位；6万多名学生获得博士学位。

29%的美国成年人拥有大学文凭

2008年，美国25岁以上的人群中，拥有大学以上文凭的人数占29%，87%的人拥有高中毕业文凭。相比之下，1998年，美国25岁以上的人群中，拥有大学以上文凭的人数占24%，83%的人拥有高中毕业文凭。十年之间，美国25岁以上人群拥有大学以上文凭的人数增长了5%，拥有高中毕业文凭的人数增长了4%。

2008年，美国25岁以上的人群中，拥有大学以上文凭民众的总数为5 772多万，其中男性为2 839多万，女性为近2 933万。在拥有高中文凭、大专文凭、本科文凭和硕士文凭的人群中，女性人数均超过男性人数，而在拥有职业性博士学位和博士学位的人群中，男性人数则超过女性人数。

在美国各族裔中，亚裔是接受高等教育人数比例最高的族裔，25岁以上的亚裔人群中，拥有大学以上文凭的占53%，其次是白人，白人的比例为33%，西班牙裔接受高等教育人数的比例最低，仅为13%，而黑人的比例为20%。

在美国25岁至29岁的年轻人群中，88%的人完成了高中教育并获得毕业文凭，31%的人完成大学教育并拥有学士学位。下面是2008年美国获得不同教育程度人数一览表，从表中我们可以粗略了解美国接受普通教育、高等教育人群的基本数据和状况。

2008年美国获得不同教育程度人数一览表　　（单位：万）

分类	高中毕业	大专毕业	本科毕业	硕士毕业	职业性博士学位	博士毕业
总计	6 118	1 717	3 755	1 473	298	246
男性	2 949	743	1 804	686	187	162
女性	3 169	974	1 951	787	111	84

从表中可以看出，在美国居民中，只获得高中教育的人群仍占很大的比例，虽然高中毕业生在高收入行业中缺少竞争力，但一个社会的各个行业都需要人，不少行业对高中文化程度的人群需求量也很大。

美国接受本科教育的人数仅次于接受高中教育的人数，这反映出大众化教育已初见成效，如果加上两年制大学培养出来的大专毕业生人数，美国具有本科、大专教育程度的人群总数为5 472万，这些人在专业和主要产业领域构成了劳动力大军的主体。

接受过硕士程度教育的人群总数为1 473万，这突显出整个社会对管理人才、专业人才和高等技术人才的需求量逐渐加大，也使得美国在人力资本上更具竞争力。与此同时，获得博士学位的人数近250万、获得职业性博士学位（主要是指医学专业和法律专业所授予的博士学位）的人数近300万，这说明美国在医学、法律、科研、高等教育等领域的高级人才培养也在同步发展。

接受教育程度不同，在职业的选择和收入上也会有很大的不同，下面我们看一下2008年美国一些基本行业所雇用人员的教育程度组合。

2008年美国获得不同教育程度人群在部分行业就业人数一览表　　（单位：万）

行业	高中毕业	大专毕业	本科毕业	硕士毕业	职业性博士学位	博士毕业
农林渔猎业	69.1	13.4	23.6	4.9	0.8	0.6

（续上表）

行业	高中毕业	大专毕业	本科毕业	硕士毕业	职业性博士学位	博士毕业
采矿业	27.8	6.9	9	2	—	0.2
建筑业	446	86	111	17.8	2.4	1.4
制造业	566	138	276	101	6.3	12.8
批发零售业	642	156	328	62	10.5	5.8
运输业	309	69	114	24	2.3	1.5
信息产业	64	29	111	34.3	1.9	1.1
金融业	197	93	337	93	10.1	4.4
专业服务业	312	136	440	165	74	34
教育医疗业	545	360	746	508	113	113
休闲旅游业	299	68	154	34	2.2	3.9
其他服务业	211	71	93	44	5.4	5.1
公共管理业	144	89	184	69	18	12

美国大学的入学人数在过去 20 年中增长较快，1987—1997 年，大学入学人数增长了 14%，1997—2007 年，大学入学人数增长了 26%，在校生人数从 1 450 万增加到 1 842.8 万。

1995—2006 学年，美国大学生中 25 岁以下的学生入学人数增长了 33%，25 岁以上学生入学人数增长了 13%。目前美国高等教育出现的一个趋势是，更多的成年人开始返回大学读书，这反映出补充新的知识和技能成为人们增强就业市场竞争力的重要手段。根据美国教育部的预测，从 2006 年到 2017 年，25 岁以下的学生入学人数增长比率将为 10%，而 25 岁以上学生入学人数增长比例则为 19%。

大学生入学的趋势在本科生和研究生中有所不同。美国大学本科学生的入学人数在 20 世纪 70 年代达到高峰，但在 1983 年至 1985 年间出现回落，在校人数从 1 080 万下降到 1 060 万；从 1985 年至 1992 年，大学本科学生的入学人数又开始上升；而从 1997 年至 2007 年，大学本科学生的入学人数上升了 25%。

研究生的入学人数在 20 世纪 70 年代末 80 年代初每年约为 130 万，而在 2007 年，美国的研究生入学人数则比 1985 年增长了 67%。职业性博士学位学生的入学人数也保持着稳定的上升趋势，2007 年职业性博士学位入学人数比 1997 年上升了 18%。

美国大学少数族裔学生人数比例上升也是美国高等教育出现的一大变化。1976 年，美国大学学生中有 15% 的学生是少数族裔。2007 年，美国大学学生中少数族裔学生的比例上升到 32%。少数族裔学生比例上升源于西班牙裔和亚裔学生进入大学人数的增多，1976—2007 年，亚裔学生的比例从 2% 上升到 7%，西班牙裔学生的比例从 4% 上升到 11%，黑人学生比例从 9% 上升到 13%。

美国大学近 40 年在校生人数一览表 （单位：万）

年份	在校学生总数	男性学生	女性学生
1970	858. 1	504. 4	353. 7
1975	1 118. 5	614. 9	503. 6
1980	1 209. 7	587. 4	622. 3
1985	1 224. 7	581. 8	642. 9
1990	1 381. 9	628. 4	753. 5
1995	1 426. 2	634. 3	791. 9
2000	1 531. 3	672. 2	859. 1
2001	1 592. 8	696. 1	896. 7
2002	1 661. 2	720. 2	941
2003	1 691. 1	726	965. 1
2004	1 727. 2	738. 7	988. 5
2005	1 748. 8	745. 6	1 003. 2
2006	1 775. 9	757. 5	1 018. 4
2007	1 824. 8	781. 6	1 043. 2

从上表中我们可以清楚地了解到美国近 40 年来高等教育在培养人才上的规模和一些特点。第一，美国用了 30 多年的时间使在校大学生的人数翻了一番，也就是从 1970 年大学生在校人数的 858. 1 万上升到 2004 年的 1 727. 2万。从这里可以看出，美国大众化教育不是赶风潮，而是每年都在稳健地增加在校学生的数量。这样不仅易于学校调整教师资源和教学资源，而且在校园扩建上也不必大规模地劳师动众。第二，美国大学招收女

性学生的人数在1980年超过男性，在此后近30年间，女性学生人数一直超过男性。大量女性接受高等教育，极大地提高了女性在美国的社会和经济地位，而且在就业市场上，女性成为真正的“半边天”。

大学教育价值百万美元

在美国接受过大学教育的人，一生工作的收入要比高中毕业的人多出多少钱呢？答案是100万美元。接受教育程度的不同会对一个人一生的收入和经济地位产生非常大的影响，这种趋势不是今天我们才真正了解或是存在的，实际上，在20世纪末美国的个人收入状况统计数据就已经告诉了人们这一现象。

20世纪90年代，由于高科技产业的兴起和经济的全球化，社会对高科技人才和商业管理人才的需求量大增，大学毕业生收入的增长幅度远远超过高中毕业生收入的增长幅度，从而使得教育与收入成正比成为普遍现象。

教育程度与收入成正比是社会发展的趋势，这也反映出在20世纪经济发展中高科技人才和管理人才对社会生产力提高所起的重要作用。劳动密集型产业虽然可以为文化程度不高的人群提供大量就业机会，但在竞争力和经济产值上却难以成为朝阳产业。

美国人口普查局和许多机构的研究表明，民众接受教育的程度越高，其收入也就越高，这一趋势从20世纪末就变得更加突出。

如果问：接受大学教育会改变贫穷的命运吗？大多数人回答这个问题时应当会给出肯定的答案。如果问大学教育投资会有多大的回报率，人们恐怕难以用一个具体的数字来回答。1992年美国人口普查局发布的统计数据显示，接受大学教育的人群一生的工作收入要比只接受过高中教育的人群高出100万美元。2000年美国人口普查局发布的教育与收入报告、2006年美国教育部发表的教育与收入情况报告，更是以完整的统计数据进一步回答了这个问题，这也是对教育回报率的系统统计，并且在美国形成了大学教育价值百万美元的观念。

根据美国人口普查局的报告，虽然人们进入大学的动机不一样，但其中最引人注目的动机是期待在接受高等教育后能够奠定自己未来的经济地位。

教育的经济价值是什么，过去很少有人谈及，似乎一谈及教育的经济价值就是忽略了教育培养人才的真正目的。但在全球经济陷入危机、大学生失业率攀升、大学生工资向体力劳动者接近的时候，教育作为最宝贵的人力资源投资，如果没有回报率或回报率极低，社会恐怕就得去反思，因为这是关系到人的素质的大问题。

教育的经济价值是指一个人高中毕业或大学毕业后在这种教育中所得到的附加值，教育与收入的关系以及这两者关系的结果就是教育对人力资源素质的影响。

2000 年，美国人的教育水平从统计学的意义来说已经很高，25 岁以上的成年人中，84% 的成年人高中毕业，26% 的人有本科以上文凭。相比之下，在 1975 年，25 岁以上的成年人中只有 63% 的人高中毕业，而有本科以上文凭的人只有 14% 。

越来越多的人获得大学文凭表明，受过高等教育的人更易于进入收入较高的行业，而教育程度的不同也使人们在收入上拉开差距。

接受教育程度的不同，不仅会产生当年的收入差异，而且更重要的是对人一生的收入都会产生很大的影响。美国人口普查局 2000 年在对教育程度对收入情况影响经过统计后再次提出，在人的一生中（按工作 40 年计算），一个大学毕业生的总收入会比一个高中毕业生高出近 100 万美元。

下表为不同教育程度的人群工作 40 年的收入差距一览表。

不同教育程度的人群工作 40 年的收入差距一览表 （单位：万美元）

教育程度	终身收入
职业性博士学位	440
博士毕业	340
硕士毕业	250
本科毕业	210
大专毕业	160

（续上表）

教育程度	终身收入
受过高等教育但未获学位	150
高中毕业	120
高中以下	100

在美国，接受教育程度的不同最终会导致收入上的差异，而且从美国1980年至2006年的统计数据可以看出，高中毕业生和大学毕业生在收入上的差距越拉越大。根据美国人口普查局的统计数据显示，1991年，男性大学毕业生的中位年收入只比男性高中毕业生的中位年收入高出13 000多美元，而到了2006年，男性大学毕业生的中位年收入要比男性高中毕业生的中位年收入高出23 000多美元。以下是美国接受不同程度教育的男性人群从1991年至2004年每年的中位收入状况。

美国男性接受不同程度教育在收入上的差异（1991—2004年）（单位：美元）

年份	高中毕业收入	本科毕业收入	硕士毕业收入	博士毕业收入
1991	26 779	40 906	49 734	57 187
1992	27 280	41 355	49 973	57 418
1993	27 370	42 757	51 867	63 149
1994	28 037	43 663	53 500	61 921
1995	29 510	45 266	55 216	65 336
1996	30 709	45 846	60 508	71 227
1997	31 215	48 616	61 690	76 234
1998	31 477	51 405	62 244	75 078
1999	33 184	52 985	66 243	81 687
2000	34 303	56 334	68 322	80 250
2001	34 723	55 929	70 899	86 965
2002	33 206	56 077	67 281	83 305
2003	35 412	56 502	70 640	87 131
2004	35 725	57 220	71 530	82 401

另外，性别比例在接受高等教育上的差距逐步缩小。1975年，美国男性中有18%的人拥有学士学位，女性中有11%的人拥有学士学位。到了2006年，美国男性中有28%的人拥有学士学位，女性中有24%的人拥有学士学位。虽然美国女性接受高等教育的人数不断上升，但男女同工不同酬的现象依然存在，男女在同一个行业、职位工作，不同教育程度人群中男性的收入都明显高过女性。

一个没有高中毕业的男性，其一生的收入约为110万美元，而女性则为70万美元；男性高中毕业生一生的收入约为140万美元，女性为100万美元；上过大学但没有毕业的男性一生的收入约为170万美元，女性为120万美元；男性大专毕业生一生的收入约为180万美元，女性为130万美元；男性本科毕业生一生的收入约为250万美元，女性为160万美元；男性硕士毕业生一生的收入约为290万美元，女性为190万美元；男性博士毕业生一生的收入约为380万美元，女性为250万美元；男性职业性博士学位获得者一生的收入约为480万美元，女性约为250万美元。以下是美国接受不同程度教育女性人群从1991年到2004年每年的中位收入状况。

美国女性接受不同程度教育在收入上的差异（1991—2004年）（单位：美元）

年份	高中毕业收入	本科毕业收入	硕士毕业收入	博士毕业收入
1991	18 836	28 079	34 949	43 303
1992	18 836	30 326	36 037	45 790
1993	19 963	31 197	38 612	47 248
1994	20 373	31 741	39 457	51 119
1995	20 463	32 051	40 263	48 141
1996	21 175	33 525	41 901	56 267
1997	22 067	35 379	44 949	53 037
1998	22 780	36 559	45 283	57 796
1999	23 061	37 993	48 097	60 079
2000	24 970	40 415	50 139	57 081
2001	25 303	40 994	50 669	62 123
2002	25 182	40 853	48 890	65 715
2003	26 074	41 327	50 163	67 214
2004	26 029	41 681	51 316	68 875

穷学生上不起大学如何解决

2010 年 3 月 30 日，美国总统奥巴马签署了医保改革修正案，新的法律中最引人注目的就是有关学生贷款制度的改革。由于美国大学学费的快速上涨，大多数学生仅靠父母或自己的经济能力已难以完成学业。美国目前有三分之二的大学生依赖联邦学生贷款来完成学业，平均每人毕业时背负的债务为 23 000 美元，不少人要经过十几年的努力才能还清读大学时所欠下的债务。如果在低薪行业工作或失业、遭遇小病小灾，他们就会陷入无力还债的困境。

此次奥巴马对美国大学生贷款体制作出的最大改革是，取消商业银行担任联邦学生贷款中间人的角色，由政府直接主导大学贷款系统。

在这场利益的博弈中，奥巴马站在美国众多年轻学子和他们的家长一边，政府将成为学生贷款的主要放贷机构，这将有利于提高学生的还款能力。而过去一直承担学生贷款业务的银行，每年 700 亿美元的学生贷款业务则因政府插手而蒙受损失。

与商业银行相比，美国政府直接接手大学生的学生贷款业务，首先在还款条件上对学生更为有利。根据新的法律，从 2014 年 7 月起开始贷款的学生，大学毕业后每月还款的上限为可随意支配收入的 10%。也就是说，如果一个大学毕业生每个月的收入去掉政府的扣税和各种福利扣税后只剩 3 000 美元，那么他每个月偿还大学教育贷款的额度不超过 300 美元。这样可使大学毕业生不至于因为过多的教育贷款偿还负担而影响他们的生活质量。

一些攻读职业性博士学位的美国大学生在毕业时可能要背负 10～20 万美元的债务，一般情况下，大学毕业生背负三五万美元的债务实属平常。如果大学生毕业后从事教育、护理等公共服务工作，或是在军队中服务，他们定期偿还大学贷款 10 年后，不论还剩下多少大学贷款没有还清，政府一律免除余下的债务。当然，在军队中服役的大学毕业生，军队对其学生贷款债务的偿还一直有着优惠政策，最高可以一次免除65 000美元的学生贷款。如果大学生毕业后不在以上所列的行业工作，照样也能享受到大学贷款免除的优惠。一个大学生毕业后每月定期还款，到20年后如果他还是不能还清大学教育贷款的债务，那么剩下的钱就不用还了。据美国教育部估计，这样的政策将会使120万人受益。

在未来的10年中，美国政府在大学学生贷款上会节省870亿美元，而奥巴马政府将会如何支配这些钱呢？根据政府的设想，节省下来的这笔钱中的一大部分将会拨给佩尔助学金以资助大学生。学生获得的助学金种类会更多，数额会更大，社区学院以及以少数族裔为主的机构也会获得资金。当然，这些改变不会降低上大学的费用，因为学费高低主要是由各大学自己决定的。

进入美国大学的学生，特别是低收入家庭的学生将会得到更多的经济资助，因为有超过400亿美元将划拨给佩尔助学金，从而使合乎资格者都能够得到资助，并赶上大学学费上涨的步伐。佩尔助学金是美国政府最大的一个大学生经济资助项目，它的主要功能是帮助那些来自低收入、中等收入家庭的学生，使他们能够在接受大学教育时不至于因为家庭经济状况不好而无法完成学业。从2013年到2017年，对一名学生提供助学金的最大金额将会从目前的5 550美元增加至5 975美元。2008—2009学年，美国有超过600万名大学生获得过这种助学金，这比10年前增加了约50%。同时，美国政府预计会有超过82万美元的额外奖学金在2020—2021学年发放，这些钱中有部分会用来解决佩尔助学金中的短缺问题。

根据新的法律，美国的社区学院在未来4年中会获得20亿美元的基金，这些钱主要用于培训和教育。在奥巴马的这项大学生学生贷款改革中，银行和其他的金融机构将是这次改革中最大的利益受损者。沙利美曾经是美国最大的学生贷款机构，其负责学生贷款的雇员大约为8 500人。该机构说，他们的雇员中有接近三分之一的员工会因为这一变革而失业，不过沙利美仍将会与政府贷款服务存在契约关系。

大学生的失业率为何最低

美国经济开始衰退，民众最关心的不是政府如何救市或是为900万房奴解围，大部分美国人最担忧的是经济持续恶化会导致企业进一步裁员，从而饭碗不保。

2009年1月，美国全国的劳动力大军（不包括军队）人数超过1.53亿，其中就业人数为1.42亿，失业人数为1 161万多，失业率为7.6%。在失业人群中，564万人有意愿继续寻找工作，余下之人无意工作。在失业人群中，2009年1月企业裁员144万人。

即使是在美国这样经济高度发达的国家，失业问题也一直困扰着政府和社会。1999—2009年，美国的失业人数每年最低为597万，最高为1 161万多。年失业率最低为4.0%，2009年1月上升到7.6%，9月失业率上升到9.8%。经济学家预计，2010年的失业率将会在10%以上。

在美国的失业浪潮中，到底什么样的人构成失业大军的主力，而美国大学生的就业及失业状况又是如何呢？我们看一下具体的统计数据。

2009年1月，美国白人就业人数为1.16亿，失业人数为862万，失业率为6.9%；黑人就业人数为1 554万，失业人数为224万，失业率为12.6%；亚裔就业人数为658万，失业人数为43万，失业率为6.2%。

2009年年初，美国25岁以上的劳动力大军中，没有高中文凭的人数为1 200万，其中就业人数为1 057万多，失业人数为144万多，失业率为12%；高中文凭的劳动力大军人数为3 867万多，其中就业人数为3 559万多，失业人数为307万多，失业率为8%；大专文凭的劳动力大军人数为3 669万多，其中就业人数为3 443万多，失业人数为226万多，失业率为6.2%；本科以上文凭的劳动力大军人数为4 520万多，其中就业人数为4 347万多，失业人数为173万多，失业率为3.8%。

从以上数据可以看出，在美国就业市场上，高学历的人具有明显的竞争优势。而下列数据则更能反映出在美国经济运行中，具有大学以上文凭的人在职位上获得的保障最大，而失业率也最低。

美国大学生失业率、劳工失业率一览表

年份	大学生失业率（%）	劳工失业率（%）
1999	1.8	4.3
2000	1.8	4.2
2001	1.6	4.2
2002	2.9	5.7
2003	3.0	5.8
2004	2.9	5.7
2005	2.4	5.2
2006	2.1	4.7
2007	2.1	4.6
2008	2.1	4.9
2009	3.8	7.6

美国专家认为，高学历在企业的裁员中似乎对员工易起到保护作用，在大公司拥有硕士以上学位的人比只拥有学士学位或高中毕业的人更容易保住饭碗。在企业的裁员风暴中，高中毕业的人的失业率是拥有博士学位的人的3倍，是拥有学士学位的人的2倍。

接受更高的教育已成为美国人才竞争的重要手段，美国就业市场凸显出的一个特点是：注重知识人才，也就是高学位、高收入、低失业率。

过去十年间，由于美国大学生的培养与就业市场的需求紧密挂钩，因此并未出现大量大学毕业生难以就业的问题。美国劳工部对1998—2008年的美国人才需求调查所得出的结论是，在这十年间，美国就业市场上所需要的本科以上毕业生的职位与美国本科毕业生的数量基本相当。即使是在2008年美国经济已走向衰退之际，企业对刚毕业的本科生的需求量仍未减少。

高等教育面向市场是美国大专院校培养人才的基本模式和教育方式，因此，大学生在学习中有大量的时间和机会与企业接触，直接了解和感受市场对人才的需求状况。像企业管理、计算机、工程学、教育和医疗服务等学科领域的毕业生是美国就业市场多年来最需要的人才，各个大学在这些领域也重点招生，以满足市场的需要。

美国女性比男性更容易就业

在美国的劳动力大军中，女性正处于就业市场上占据主导地位的边缘。经济危机中，男性失业率大增，而女性却较容易保住饭碗。因此，经济危机不仅改变了许多人的命运，而且使女性的社会角色变得更加突出。

美国1.32亿从业人员大军中，女性就业人员比例在2009年6月已达49.83%，而且在美国一些工作岗位增加的行业里，女性就业的人数比例超过男性。专家表示，女性就业在过去十年中稳步增长、在经济危机中快速增长，2009年11月，在美国的女性就业人数首次超过男性。

2009年，在美国高中毕业生中，约有68.6%的学生会进入大学，而女性高中生进入大学的比例为71.5%。女性成为大学生的主力军，大学在校女性学生为1 050万人，而男性大学生人数则为790万。2008年，美国女性中获得学士学位的人数达到1 951万，硕士学位787万，职业性博士学位111万，博士学位84万。

美国就业市场的这种变化反映出女性在接受高等教育后，更多的人不再以做家庭主妇为己任，而是更多地寻求经济独立。另外，在组成家庭后，女性经济上的收入也成为维持家庭良好生活的重要基础。

经济危机中，美国雇佣人数持续增长的行业主要是医疗保健业、教育业和政府机构，而这三大行业过去一直是女性就业人数最多的行业，在这三大行业中女性占有天时、地利，所以接受过高等教育的女性的就业机会不减反增。在教育业、医疗保健业这些女性占主导的行业，就业增长率达12%，这让女性从中受益。

女性就业人数增加在地方表现得更明显，地方政府和机构共雇用1 460万名各类人员，在经济危机中，地方政府和机构共裁掉86 000名男性雇员，而与此同时却新增加女性雇员 167 000 人。

尽管美国女性的就业人数已与男性基本持平，然而数据显示，虽然在某些行业中女性的收入会高过男性，但男女同工不同酬的现象依然存在。一般而言，男性喜欢收入高、有挑战性、能够到各地出差的工作，而女性选择工作时比较注重规范、弹性和安全等因素。下表为美国一些女性收入高于男性收入的职业。

美国部分女性中位收入高于男性的职业

职业	女性中位年收入（美元）	男性中位年收入（美元）	女性收入高出男性收入比例（%）
销售专家	89 908	62 660	43
统计员	49 140	36 296	35
立法者	43 316	32 656	33
运输工人	43 160	33 124	30
汽车服务技师	40 664	31 460	29
语言障碍矫正师	45 136	35 048	29
图书馆助理	23 608	18 512	28
电影播放员	35 412	27 924	27
建筑交易员	26 936	21 736	24
殡仪馆服务员	30 108	24 492	23
机动车辆驾驶员	22 412	18 252	23
旅馆服务员	26 468	21 684	22
生物技术员	32 292	26 364	22
电话接线员	22 152	18 356	21
食品加工员	27 872	23 400	19
滚轧机操作员	29 692	25 064	18
金融分析师	69 004	58 604	18
个人护理员	19 864	17 160	16
电表检查员	36 348	31 668	15
工具制造员	46 228	40 144	15
图书馆技术员	33 384	29 328	14

（续上表）

职业	女性中位年收入（美元）	男性中位年收入（美元）	女性收入高出男性收入比例（%）
资料管理员	29 484	26 312	12
长途通信装修员	40 716	36 348	12
航太工程师	78 416	70 356	11
放射线科医师	59 124	53 300	11
汽车修理员	30 888	28 132	10
教育培训师	46 176	42 120	10
人力资源助理	30 420	28 028	9
精密仪器修理员	40 612	37 648	8
赌场发牌员	24 076	22 308	8
工程经理	82 784	76 752	8
农业食品科学家	41 704	39 156	7
飞机组装员	28 652	26 676	7
测量技术员	34 840	32 864	6
广告业务经理	42 068	40 144	5

高等教育改变美国女性的命运

越来越多的美国女性成为担负养家重任的主要之人，越来越多的女性将教育视为获得机会和更好收入的桥梁，越来越多的女性，不论其背景、阶层如何都快速地加入接受高等教育大军的行列。低收入的母亲受益于社区学院的低廉学费，也能接受大学教育。在今日的美国，获得高中毕业文凭的人群中，女性占52%；获得大专文凭的人群中，女性占62%；获得学士学位的人群中，女性占57%；获得硕士学位的人群中，女性占60%；获得职业性博士学位的人群中，女性占50%；获得博士学位的人群中，女性的比例接近50%。

好的方面是，与以往相比，当今美国女性接受高等教育的人数和比例令人感到欣慰。1970年，在美国获得学士学位的人群中，女性的比例不到50%；获得硕士以上学位的人群中，女性的比例不到40%；获得博士或职业性博士学位的人群中，女性的比例不到10%。

不好的方面是，尽管接受高等教育的女性人数大大增加，但女性所选择的大学专业并不能在毕业后获得高薪。女性通常选择的专业大多还是传统上女性所从事的专业，如医疗保健业等。在美国大学，保健专业（包括护士）的本科毕业生中，女性占86%；教育专业的本科毕业生中，女性占79%；心理学专业的本科毕业生中，女性占78%。这些专业或是职业通常被称为“辅助性职业”或“女性的职业”，曾长期吸引女性加入，但也是收入不高和职业发展“钱景”不是特别好的职业。

根据调查，美国70%的男性能够接受妻子在外工作，四分之三的美国人认为更多的女性进入职场是一个好的发展趋势，不过不论是丈夫还是妻子，他们都对家中没有人照料孩子感到担忧。

高收入行业依然还是男性占据统治地位，如工程、技术、科学和专业性服务。女性在科学领域获得高学位的比例还远低于男性，如在计算机科学、工程博士学位中，女性人数只占20%。

当然，女性在接受大学高等教育时对专业的选择出现了一些新的变化，如今更多的女性进入商学院，在商学院本科毕业生中，有一半是女性。同时，生物和医学专业本科毕业生中，女性占62%，这比20年前增加了一倍。在博士学位的某些领域，女性与男性仍有一段差距。2006年，生物科学专业博士毕业生中，女性占49%；自然科学和数学专业博士毕业生中，女性占30%；计算机科学专业博士毕业生中，女性占22%；工程专业博士毕业生中，女性只占20%。

在美国四年制大学中，女性教授约占全部教授的30%，但在大学工程学院和自然科学学院任教的女性教师比例较低。美国国家科学学术委员会2009年所做的一项调查显示，尽管2006年获得自然科学博士学位的人群中，女性占了30%，但在美国大学教授自然科学的女性教授只占6.4%，副教授占14.2%，助理教授占16.1%。

女性接受教育的程度和所学专业对其职业生涯中的收入有很大影响，

即使是大学毕业生，女性往往也是在中低收入的行业就业。例如，注册护士中，91.7%的就业人员是女性；中小学教师中，81.6%是女性；幼儿园教师中，97.8%是女性。

与此同时，女性在一些高收入行业中也占据一定比例。如美国的律师和法官中，36.5%是女性；内科和外科医生中，31.8%是女性；牙科医生中，25.4%是女性；土木工程师中，11.8%是女性；电子工程师中，7.8%是女性；飞机驾驶员和工程师中，3.4%是女性。

即使女性拥有与男性一样的学位，从事一样的职业，女性的收入也很少会与男性一样。2008年，美国女性中位小时工资只相当于男性中位小时工资的77%。我们可以看一下美国接受不同教育程度的男女在收入上的差距：高中以下文化的美国女性中位小时收入是9美元，男性为12美元；获得高中文凭的美国女性中位小时收入是12美元，男性为16美元；获得大专文凭的美国女性中位小时收入是14.68美元，男性为18.5美元；获得学士学位的美国女性中位小时收入是20.83美元，男性为26.44美元；获得硕士以上学位的美国女性中位小时收入是25.96美元，男性为33.65美元。

如果对比今天和30年前美国女性与男性在收入上的差距，应当说这一差距在缩小，而且仍有改进的空间和必要。1979年，美国高中以下文化女性的收入只相当于同等学历男性的58.3%，2008年上升到75%；1979年，美国高中毕业的女性收入只相当于同等学历男性的58.6%，2008年上升到75%；1979年，美国大专毕业的女性收入只相当于同等学历男性的66.4%，2008年上升到79.4%；1979年，美国本科毕业的女性收入只相当于同等学历男性的67.9%，2008年上升到78.8%；1979年，美国硕士以上学位毕业的女性收入相当于同等学历男性的74.1%，2008年上升到77.2%。

现在美国女性在职业和个人生涯中比以往有了更大的选择权，在商业、政府机构、媒体等领域，女性就业人数不断增加。然而，男女同工不同酬的现象依然存在，在大部分领域，同样职位女性的收入往往只有男性的80%。女性律师的收入只相当于男性律师收入的77%，女性医生的收入只相当于男性医生收入的59%。美国劳工部的统计数据表明，2007年，女性财务顾问的中位周薪只相当于男性财务顾问的53.7%，女性销售人员的薪水只相当于男性销售人员的64.8%。

美国男女同工不同酬的原因有许多，而美国的一些研究则指出，造成这种差异最主要的一个原因是女性要肩负着生育下一代和养儿育女的重任。对于职场妈妈而言，她们深切感受到有了孩子就会成为工作中获得平等待遇的一个大障碍。康奈尔大学所做的一项研究显示，当两名条件基本相同的女性在申请同一职位时，有了孩子的女性往往会被认为不如未有孩子的女性称职，在被雇用的可能性上有了孩子的女性会处于下风。

1963 年，美国的《平等工资法》正式签署生效，对于同样职位，如果老板付给男女员工的薪水不同会被列为触犯法律。但是时至今日，同样的职位，女性的收入还是与男性有差距。

在美国同一个地区工作的女性，她所接受的教育程度、年龄、工作时间长短和工作职位与男性都一样，如果她的薪水与男性相同的话，这名女性的年收入就会增加 4 000 美元，相应地，美国的贫困率就会下降一半。

如果按一个人一生工作 40 年计算，在过去 40 年里，美国女性的中位收入比男性少了 70 ~ 200 万美元。美国高中毕业的女性，虽然与男性从事同样的工作、在同样的职位上任职，但一生却要比男性少收入 70 万美元；同样情况，大学毕业的女性，一生要比男性少收入 120 万美元；获得博士或职业性博士学位的女性，一生要比男性少收入 200 万美元。

美国教育程度不同的家庭收入相差几何

美国总统奥巴马提出美国教育改革方案，其中一条是使美国成为大学毕业生比例最高的国家。2008 年以来，随着大学毕业生就业难以及大学教育投资成本的快速上涨，很多学者对大学教育的价值提出了怀疑，最著名的观点是对于一个接受高等教育的人而言，“美国的大学教育已经不再价值百万”。尽管如此，对于美国绝大多数普通民众来说，教育仍是改变贫穷命运的最佳途径，而美国所有关于家庭收入的统计数据也说明了这一点。

如果说在美国年收入 10 万美元以上的家庭属于高收入家庭的话，那么，什么样的人才有机会跻身于这一阶层呢？排除继承遗产的因素，从美国人口普查局的统计数据中可以看出这样一个趋势：教育程度的高低对美国家庭收入的影响最大，也就是说，接受教育程度越高，获得高收入的机会就越大，获得高薪的人数比例也越高。

如果将一个社会的民众接受教育的程度分成四个层次，即高中以下文化水平、高中文化水平、高中以上大学本科以下文化水平、大学本科以上文化水平，在这四个不同教育程度中的人群，他们的家庭收入情况会有多大的差异呢?

首先我们看一下美国年收入在10万美元以上家庭的教育结构。美国25岁以上人口组成的家庭超过1.1亿户，其中年收入在10万美元以上的家庭共有2 363万户，占25岁以上人口组成家庭总数的21.3%。

在年收入10万美元以上的家庭中，大学本科以上文化水平家庭年收入10万美元以上的有1 417.7万户，占年收入10万美元以上家庭总数的59.99%；上过大学但没有毕业文凭家庭年收入10万美元以上的有336.2万户，大专文化水平家庭年收入10万美元以上的有213户，这两类人群可归于高中以上大学本科以下文化水平之列，他们中年收入10万美元以上的家庭总数为549.2万户，占年收入10万美元以上家庭总数的23.24%；高中文化水平家庭年收入10万美元以上的有341.5万户，占年收入10万美元以上家庭总数的14.45%；9年级以下文化水平家庭年收入10万美元以上的有18.1万户，9~12年级文化水平家庭年收入10万美元以上的有36.4万户，这两类人群皆归于高中以下文化水平的人群，他们中年收入10万美元以上的家庭总数为54.5万户，占年收入10万美元以上家庭总数的2.3%。

这四组教育程度不同的家庭收入明显反映出为什么教育对于一个人奠定社会经济基础如此重要。高中及以下文化水平的家庭，他们在年收入10万美元以上家庭总数中只占16.75%，也就是不到两成，而余下八成多高收入家庭至少是接受过高等教育的家庭。所以说高中教育与大学教育是一个重要的分水岭，要想富、要想收入高，离不开接受高等教育。

那么这就带来一个问题，是不是学历越高收入就会越高呢?理论上是这样，但一个社会不可能人人都成为博士，因为这样的教育成本没有一个国家可以承担得起，同时社会上很多职业也并不需要从业者必须具备博士文化水平。而另外一个问题是，不上大学是不是就一定不会有高收入?从整个统计数据来看，高中文化水平以下的人群的确在获得高收入上有难度，但这并不意味着他们中的少数人不能进入高收入阶层。美国高中以下文化水平的家庭年收入10万美元以上的有54.5万户，这也说明没有接受过高等教育的人仍然有机会在职业上获得高收入，但总体来讲比例会较低。

在美国高收入家庭中，占主体的还是大学毕业文化水平的家庭。例如，美国本科文化水平家庭年收入10万美元以上的有792.2万户，占年收入10万美元以上家庭总数的33.52%；硕士文化水平家庭年收入10万美元以上的有420.5万户，占年收入10万美元以上家庭总数的17.79%；职业性博士文化水平家庭年收入10万美元以上的有110.8万户，占年收入10万美元以上家庭总数的4.68%；博士文化水平家庭年收入10万美元以上的有94.2万户，占年收入10万美元以上家庭总数的3.98%。

以上是横向比较，如果纵向比较，从接受不同教育程度家庭在同一教育程度家庭高收入人群中所占比例情况看，也可更广泛地了解教育对民众经济地位的影响。美国9年级以下教育程度的家庭有535万户，年收入10万美元以上家庭占同等教育家庭的3.38%；9～12年级教育程度家庭有865万户，年收入10万美元以上家庭占同等教育家庭的4.2%；高中教育程度家庭有3 241.6万户，年收入10万美元以上家庭占同等教育家庭的10.5%；上过大学但没有毕业文凭的家庭有2 023.6万户，年收入10万美元以上家庭占同等教育家庭的16.6%；大专教育程度家庭有1 024.4万户，年收入10万美元以上家庭占同等教育家庭的20.8%；大学以上教育程度家庭有3 392.8万户，年收入10万美元以上家庭占同等教育家庭的41.7%。其中本科教育程度家庭有2 140.3万户，年收入10万美元以上家庭占同等教育家庭的37%；硕士教育程度家庭有903.1万户，年收入10万美元以上家庭占同等教育家庭的46.5%；职业性博士教育程度家庭有184.1万户，年收入10万美元以上家庭占同等教育家庭的60.1%；博士教育程度家庭有165.4万户，年收入10万美元以上家庭占同等教育家庭的55.7%。

从以上的数据可以看出，每一个教育层次的人群都有获得高收入的机会，但能够获得高收入的比例差异却很大。博士学位家庭的比例最大，超过50%，学士学位家庭不到40%，硕士学位家庭比例接近50%。从中也可看出为什么很多美国人在大学毕业后纷纷再攻读硕士研究生，因为获得硕士学位不仅时间短，而且很多专业的教育投资回报率很高。另外，即使是本科毕业，超过六成以上的家庭仍无法进入高收入家庭的行列，这与很多人所学的专业有很大关系，所以说在美国有时选择专业比选择大学更重要。

除了观察教育对人们能否获得高收入的影响外，作为整体，接受教育程度不同在收入上的差异也是很大的，这可从他们年中位收入和年平均收入中看出一斑。2008年，美国25岁以上家庭的中位收入为51 388美元，平均收入为 69 997 美元。而不同教育程度也对一个家庭的收入有着最直接的影响。

2008 年美国不同教育程度家庭收入状况　　（单位：美元）

教育程度	中位家庭年收入	平均家庭年收入
9 年级以下	21 242	30 252
9 ~ 12 年级	25 321	34 944
高中毕业	39 962	51 383
大专毕业	59 163	70 591
本科毕业	79 222	98 246
硕士毕业	92 642	111 901
博士毕业	100 000	139 083
职业性博士毕业	100 000	161 459

最后我们看一下美国不同教育程度家庭高、中、低收入所占的比例状况（见下表），从中也可以更加清楚地了解和观察教育在提高民众生活水平上的实质作用。

2008 年美国不同教育程度家庭不同年收入所占比例

教育程度	2 500 以下（美元）	2 500 ~ 27 499（美元）	27 500 ~ 57 499（美元）	57 500 ~ 87 499（美元）	87 500 ~ 99 999（美元）	10 万（美元）以上
9 年级以下	4%	57.1%	25.8%	8.1%	1.4%	3.38%
9 ~ 12 年级	3.7%	50.4%	28.8%	10.6%	2.1%	4.2%
高中毕业	2.2%	32%	33%	17.7%	4.3%	10.5%
大学未毕业	2.1%	23.4%	31.4%	20.8%	3.5%	16.6%
大专毕业	1.4%	17.8%	29.6%	23.4%	6.9%	20.8%
本科毕业	1.2%	11.1%	22%	21.6%	6.8%	37%
硕士毕业	0.7%	8.1%	17.8%	19.7%	6.9%	46.5%
博士毕业	1.4%	7%	11.9%	16.1%	6.4%	55.7%
职业性博士毕业	0.7%	5.4%	13.2%	15.1%	5.1%	60.1%

第二章

大学、名校，前途与“钱途”

□本章导读

美国的高等教育在20世纪确立了完整的教育体系，建立起公立、私立大学两套教育体系。私立大学在美国历史悠久，除了像“常春藤联盟”这些美国东岸的名校外，私立的人文学院秉承欧洲教育的精髓，注重人文精神的教育，具有自己的特色。人文学院也被称为“贵族学校”，其学费与哈佛大学等名校的学费不相上下。

提到美国的名校，人们最容易联想到的一个词是“常春藤联盟”（Ivy League）。“常春藤联盟”起源于1954年，最初是由美国东北地区8所大学组成的体育联盟（NCAA Division I）。后来《美国新闻与世界报道》开始对美国的学术水平进行排名，这8所大学由于名列前茅，再加上历史悠久，所以“常春藤联盟”逐渐成为美国名校的代名词。

随着美国高等教育的大众化，公立大学在美国高等教育中的分量越来越重。同时，由于州政府对州立大学投资的不断扩大以及优秀公立大学获得的捐助和科研基金的快速增长，一批公立大学如加州大学伯克利分校等成为美国著名的高等学府，与哈佛大学等私立名校并驾齐驱。

在经济危机中，大学教育沉重的费用与大学生就业后的薪资待遇呈现反差。这促使民众在更加关注教育的投资回报率的同时，对于名校的价值也产生疑问。如今，美国相当一部分学子和家长关注教育投资成本多于关注大学的知名度，而经济学家的研究也提出新的看法——名校未必是成功的保证书，学生成功与否关键看自己。

——作者手记

西点为何击败哈佛成为最佳大学

2009 年，《福布斯》杂志第二年加入美国最佳大学评比的行列，该杂志公布了 2009 年美国最佳大学排行榜。令人吃惊的是，排名第一的不是美国最著名的哈佛大学，而是培养陆军军官的西点军校。2008 年西点军校在该杂志的排名中名列第六，2009 年则挤下 2008 年排名第一的普林斯顿大学而登上榜首。

荣膺美国大学第一名的西点军校，其学生晚上 11 点半必须就寝，宿舍中不准有酒，而且必须绝对整洁，学生的头发必须整齐，衣服必须烫出线条，学生每学期只有一个星期的假期。西点军校免费提供世界级的一流教育，但毕业生必须对国家履行责任。

如果只看这些，恐怕美国没有几个大学可以与之相比。但《福布斯》杂志将西点军校评为全美第一所列举的数据还包括：该校 80% 的学生在 4 年内毕业，自 1932 年以来，该校获得罗德奖学金的学生人数一直排在全美第四位，获得马歇尔奖学金的学生人数排在第六位，获得杜鲁门奖学金的学生人数排在第四位。2009 年美国获得盖茨奖学金到英国剑桥大学读书的 37 名学生中，4 名来自西点军校。相比之下，获得盖茨奖学金的耶鲁学生有 4 名，哈佛学生有 1 名，普林斯顿则没有。

对于西点军校，1986 届西点毕业生、现为美国 Seven-eleven 连锁店总裁的戴皮托表示：“我从西点学到很多——纪律、如何做一个领导者、对团队精神重要性的理解，这些都是我能够成功的基础。”

西点还好在哪里？西点能被排名第一的一个关键因素是学生上学不用花钱，费用全部由政府提供。上大学要花多少钱对于学生和家长来说绝不是一件小事情，但西点学生不用花一分钱就能接受最好的高等教育，而且也不必为大学毕业后要背负偿还大学学费贷款的重任而烦恼。

西点军校每个月发给学生 895 美元的生活津贴，学生毕业后起薪为

69 000美元，但他们需要在军队服役5年，外加3年不需服役的后备役。

西点采用小班制上课，每个班不超过18名学生，这便于教师加强对学生的指导。学生跨学科学习是西点的基本要求，英语专业的学生必须选修微积分，化学专业的学生也要选修哲学。由于西点没有硕士和博士学位点，因此学校的教学重心全部集中在本科学生身上。

西点军校恐怖主义研究室主任詹姆士谈道：“如果观察布朗大学、波士顿学院甚至是斯坦福大学这些名校，它们的首要使命不是教学，而是为学校争取更多的研究基金，教师将出书看得比教学生更重要。像这样的情况在西点是看不到的，教师的首要责任是教好学生。”

《美国新闻与世界报道》推出的美国大学排行榜突出的是大学的学术地位，而以财经报道为专长的《福布斯》杂志和大学学费与绩效中心联合编撰的美国最佳大学排行榜则更多的是从教育与经济、教育与投资的角度观察美国的大学状况。

如果对比《美国新闻与世界报道》和《福布斯》杂志这两家的全美最佳大学排名，就会看到有很大的不同。

《福布斯》杂志美国最佳大学排名的特点是更注重教育投资的回报率。在经济不景气的今天，人们对接受高等教育流行的新观念变成“选大学不如选专业”、“进一流大学不如进最适合自己的大学”，同时在教育理念上更强调学生要上划得来的大学，这包括少花钱读名校、毕业后就业机会佳、薪水待遇好等。而《福布斯》杂志对美国大学的评定加入了这些经济上的考量，因而其大学排行榜在美国的影响力也逐渐扩大。

《福布斯》杂志评选美国最佳大学主要依据五项指标：一是学生的毕业率（检验学校是否有效地协助学生按时毕业）；二是学生和教师在美国和全球获奖的数量；三是学生对教师教学的满意度；四是学生毕业时所负担的平均债务；五是学生毕业后在职业上的成功程度，包括毕业生的薪水和取得的成就。《福布斯》杂志在评选中更关注学生在大学的经历以及学生在校园中所受的训练、学生对现实世界的适应能力，而不仅仅是学生的考试成绩。评比的相关数据来自公共信息资源，而不是由各个大学自己提供。下面是2009年《福布斯》杂志评选出的美国最佳大学前20名招生人数和录取率的情况。

《福布斯》杂志评选出的2009年美国最佳大学前20名一览表

大学	招生人数（人）	录取率（%）
西点军校	1 263	16
普林斯顿大学	1 243	10
加州理工学院	236	15
威廉姆斯学院	540	17
哈佛大学	1 666	8
卫斯理学院	596	36
空军军官学校	1 286	18
阿默斯特学院	439	15
耶鲁大学	1 318	9
斯坦福大学	1 703	9
麻省理工学院	1 048	12
斯沃斯莫尔学院	372	16
哥伦比亚大学	1 356	11
中心学院	336	63
哈佛学院	327	27
波士顿学院	2 167	27
西北大学	2 078	26
波东恩学院	488	18
瓦莎学院	638	25
惠特曼学院	401	46

美国名牌大学费用要多少

美国各类大学有4 000多所，从性质上看，可分为公立大学和私立大学两类；从学制上看，可分为两年制大学和四年制大学两类；从大学学术教育水平上看，可分为只有本科教育的大学（如西点军校）和可授予硕士学位的大学（如很多州立大学或区域性大学），以及可授予博士学位的大学（这类大学学术名气很大，科研和高端人才培养是其强项）。

在大部分家长和学生的心目中，能进入美国一流的大学接受高水平的教育是一个美好的梦想，也是为人生成功奠下的基石。人们最熟知的美国名校是常春藤联盟，这包括在美国东部最著名的8所私立大学。而西部的斯坦福大学、中部的芝加哥大学以及西北大学等私立大学在美国也赫赫有名。

《美国新闻与世界报道》杂志每年推出的美国大学排行榜成为人们了解美国大学学术水平的主要参考资料。

在美国最佳大学中，《美国新闻与世界报道》杂志评选出的最佳大学前25名多年来基本变化不大，这25所大学可谓是美国最著名的学府，不论是师资力量、科研能力还是教育经费、学生素质都堪称是美国一流。这些大学也是众多美国学子和外国留学生最青睐的大学，当然要想进入这些大学，竞争也非常激烈。

以下是美国25所名校本科生2009—2010学年的学费以及录取率的情况。

美国25所名校本科生2009—2010学年学费和录取率一览表

大学	学费（美元）	录取率（%）
哈佛大学	37 012	7.9
普林斯顿大学	35 340	9.9
耶鲁大学	36 500	8.6
加州理工学院	34 584	17.4
麻省理工学院	37 782	11.9
斯坦福大学	37 881	9.5
宾夕法尼亚大学	38 970	16.9
哥伦比亚大学	41 316	10.0
芝加哥大学	39 381	27.9
杜克大学	38 975	22.4
达特茅斯大学	38 679	13.5
西北大学	38 461	26.2
华盛顿大学圣路易斯分校	38 864	21.7
约翰—霍普金斯大学	39 150	25.4
康奈尔大学	37 954	20.7
布朗大学	38 848	13.7
爱默瑞大学	38 036	26.6
莱斯大学	31 248	23.0
范德比尔大学	38 579	25.3
圣母大学	38 477	26.7
加州大学伯克利分校	8 352* 30 022**	21.6
卡内基—梅隆大学	39 833	37.9
乔治敦大学	39 212	18.8
加州大学洛杉矶分校	8 228*29 897**	22.8
弗吉尼亚大学	9 870* 31 870**	36.7

注：*为公立大学的州内居民学生学费，**为外州居民学生学费

美国大学教育体系中，文理学院招生规模不大，全美只有大约3%的学生毕业于文理学院，但文理学院对美国教育的贡献巨大，是美国教育最

引以为豪的精髓，文理学院所倡导的人文精神一直被推崇。文理学院也被称为贵族学院，在人文科学方面教学实力雄厚。进入文理学院的学生不仅要钻研人文科学，而且也要掌握大量的科学知识，跨学科和交叉学科的学习是文理学院教学的一大特色。美国文理学院每年招收学生的数量不多，一个学期只录取几百名新生。一流的文理学院学费甚至比私立综合性大学中的名校如哈佛大学的学费还高。下面是美国著名私立文理学院2009—2010学年学费和录取率的基本情况。

美国著名私立文理学院2009—2010学年学费和录取率一览表

文理学院	学费（美元）	录取率（%）
威廉姆斯学院	39 490	17.0
阿默斯特学院	38 928	14.8
斯沃斯莫尔学院	37 860	15.7
卫斯理学院	38 062	36.0
鲍登学院	40 020	18.6
波莫那学院	37 017	15.6
戴维逊学院	35 124	25.7
哈佛福德学院	39 085	27.0

美国最贵的二十所大学

如果说起美国最昂贵的大学，很多人一定会以为是哈佛、耶鲁、斯坦福、普林斯顿这些最顶尖的名校，然而这些大学虽然质量高、名气大，但有一点他们未能拔得头筹，那就是学生所要缴的费用。美国最贵的大学中有个别学校恐怕人们是第一次听到，所谓最昂贵的大学指的是这所学校每年本科生的学费加上食宿费，也就是大学教育最基本的开销或者叫做投资最多。下面我们看一下2009—2010学年美国四年制大学中哪些大学可以名列美国最昂贵大学前20名。

美国2009—2010学年费用最高大学排名一览表　（单位：美元）

大学	一年学费+食宿费
莎拉—劳伦斯学院	54 410
纽约大学	51 991
乔治—华盛顿大学	51 730
贝茨学院	51 300
史基德摩尔学院	51 196
约翰—霍普金斯大学	51 190
乔治敦大学	51 122
康涅狄格学院	51 115
哈维—穆德学院	51 037
瓦莎学院	50 875
卫斯理学院	50 862
科尔盖特大学	50 660
卡内基—梅隆大学	50 640
哈佛福德学院	50 625
鲍登学院	50 485
明德学院	50 400
蒙特霍里约克学院	50 390
巴德学院	50 380
波士顿学院	50 370

莎拉—劳伦斯学院是何方神圣，竟然会是美国最昂贵的大学？这一点不奇怪，因为莎拉—劳伦斯学院是一所著名的私立文理学院，私立的文理学院是美国学术界的一颗明珠。所以，美国最昂贵的大学一般不是常春藤联盟的大学，而多为文理学院。当然，文理学院不是社区学院。社区学院是公立的两年制学院，主要是为地方培养中级各类人才的，所以两者不能同日而语。

私立大学教育费用高，主要体现在两个方面：一是学费，二是食宿费。私立名校自然学费高，而食宿费则要依据学校所在的地区而定。2009—2010 学年，美国大学本科生学费最高的大学是明德学院，学生一年的学费为 43 690 美元。虽然大学学费数字很吓人，但这并不意味着学生一定要缴这么多的学费。事实上，美国很多的私立名校都为学生提供奖学金或助学金。如进入麻省理工学院的学生，如果家庭年收入低于 75 000 美元，学生的学费全免；进入哈佛大学的学生，如果家庭年收入低于 60 000 美元，学生的学费全免。所以有的时候没钱也能进入美国一流大学，这也为低收入家庭的学生能够接受最好的高等教育打开了一扇门。以下为美国 2009—2010 学年本科生学费最贵的 10 所大学。

美国 2009—2010 学年本科学费最贵大学排名 （单位：美元）

大学	一年学费
明德学院	43 690
康涅狄格学院	42 335
莎拉—劳伦斯学院	41 040
乔治—华盛顿大学	41 610
瓦莎学院	41 335
哥伦比亚大学	41 316
科尔盖特大学	40 690
巴克尼尔大学	40 594
史基德摩尔学院	40 420
卡内基—梅隆大学	40 300

上面谈到了美国学费最贵的大学，除了学费，高等教育最花钱的地方就是大学期间的食宿费了，而且这个费用没办法省。一般大学都会为学生提供宿舍，有的大学还要求一年级新生必须住在大学提供的学生宿舍内，所以住宿的费用再高也得住。

2009—2010 学年，公立大学学生的食宿费用上涨了 5.4%，平均为每年 8 193 美元，私立大学学生的食宿费上涨了 4.2%，平均为 9 363 美元。下面是 2009—2010 学年美国食宿费用最贵的大学排名，学生宿舍的标准是两人一间。

美国 2009—2010 学年食宿费用最贵的十所大学　（单位：美元）

大学	食宿费
尤金—朗格学院	15 990
库珀联合学院	15 275
萨科福大学	14 544
加州大学伯克利分校	14 384
纽约科技学院	14 290
福特汉姆大学林肯中心分校	13 830
福特汉姆大学玫瑰岭分校	13 716
加州大学圣塔克鲁兹分校	13 641
曼哈塔维尔学院	13 500
查普曼大学	13 384

从上表可以看出，美国食宿最贵的大学前 10 名主要集中在纽约和加州，这两个地区是全美房价最高的地区，所以学生上大学在住宿上的费用也就较高。

大学毕业生收入最高的大学

一般情况下，人们选择大学时往往最先考虑的是大学的知名度和学费。但如果换个角度思考，从大学毕业后 10 年或更长时间内一个人所能赚到的薪水角度去观察，上什么大学也许会是另外一个答案。通常名牌大学特别是热门专业的毕业生起薪都不错，而在职业生涯 10 年后，人们的收入差异就会很明显。以下为 2009 年薪水检测网站发布的美国大学毕业生职业中期收入最高的 20 所大学的基本情况。

美国大学毕业生职业中期收入最高的 20 所大学　　（单位：美元）

大学	毕业生职业中期中位收入
达特茅斯大学	129 000
麻省理工学院	126 000
哈佛大学	126 000
哈维—穆德学院	125 000
斯坦福大学	124 000
普林斯顿大学	124 000
考给特大学	122 000
圣母大学	121 000
耶鲁大学	120 000
宾夕法尼亚大学	118 000
伦塞勒技术学院	116 000
杜克大学	116 000
巴克尼尔大学	116 000
加州理工学院	115 000
纽约技术大学	114 000
里哈大学	114 000
卡内基—梅隆大学	113 000
加州大学伯克利分校	112 000
圣塔克拉拉大学	111 000
乔治敦大学	111 000

美国另一家大学评估机构——明智投资网站更多的是考察大学生的教育投资和毕业后的薪水情况，这与《福布斯》杂志对大学教育投资回报率的考量很类似。这反映出在经济危机中，人们会更多地关注教育被社会接受的程度，而不仅仅是关心大学的学术名望。明智投资网站所评选的大学主要分成公立大学、人文学院和私立大学三类，参考的数据主要是大学 4 年的教育费用、大学毕业生毕业后 3 年的平均年薪以及大学生毕业后 15 年的平均年薪。以下是明智投资网站评选的公立大学、人文学院排名前五位的情况。

明智投资网站评选的 5 所顶尖公立大学　（单位：美元）

大学	毕业 3 年后年薪	教育费用（2005 年）	毕业 15 年后年薪
得州农工大学	49 700	47 213	96 100
得州大学奥斯汀分校	49 700	49 876	93 900
佐治亚理工大学	58 300	59 896	106 000
佐治亚大学	44 100	54 742	86 000
华盛顿大学	48 800	62 632	85 300

明智投资网站评选的 5 所顶尖人文学院　（单位：美元）

大学	毕业 3 年后年薪	教育费用（2005 年）	毕业 15 年后年薪
华盛顿—李学院	53 600	89 575	104 000
瑞蒙德大学	48 600	97 760	94 600
拉法叶特学院	53 900	106 918	107 000
哈里—克劳斯学院	50 200	107 380	106 000
巴克尼尔大学	54 100	112 556	110 000

大学毕业生收入最高的学院

除了大学的因素外，大学专业对毕业生的收入会有怎样的影响呢？以数学为基础的专业，像工程、科学、数学及经济学专业是大学各专业中表现最为抢眼的，这些专业的毕业生的起薪以及职业生涯中期的收入都不错。在美国大学毕业生的起薪和职业生涯中期收入最高的 20 个专业中，几乎全部由这些专业占据。可以说，大学专业的选择对职业生涯的经济地位有着巨大的影响，甚至决定人一生的命运。

总体而言，在所有的专业中，工程学院毕业生的起薪最好。在大学毕业生起薪最高的10所大学中，工程类大学就占了8个。

工程学院毕业生平均收入最高的大学　　（单位：美元）

大学	毕业生中位起薪	职业中期中位年薪
麻省理工学院	71 100	126 000
哈维—穆德学院	71 000	125 000
斯坦福大学	67 500	124 000
巴克尼尔大学	56 100	116 000
伦塞勒工学院	62 500	116 000
加州理工学院	69 700	115 000
纽约大学工学院	62 700	114 000
里哈大学	57 400	114 000
卡内基—梅隆大学	65 300	113 000
加州大学伯克利分校	57 100	112 000
伍斯特工学院	61 100	110 000
科罗拉多矿业学院	60 000	109 000
康奈尔大学	58 000	106 000
佐治亚理工学院	58 900	105 000
新泽西工学院	55 100	104 000
库珀联合学院	61 100	102 000
加州州立理工大学	57 000	102 000
史蒂文斯工学院	59 400	101 000
伊利诺伊大学厄本香槟分校	53 900	99 700
维兰诺瓦大学	56 700	99 000

美国著名文理学院的毕业生虽然大部分是从事人文和社会方面的职业，但他们的收入却不比理工学院毕业生的收入差。从职业生涯的角度看，很多著名文理学院的毕业生在职业中期年收入都会超过10万美元，这在美国可以进入高收入阶层。下面是美国文理学院毕业生收入最高大学的

排名情况。

文理学院毕业生平均收入最高的大学　　（单位：美元）

学院	毕业生中位起薪	职业中期中位年薪
科尔盖特大学	51 900	122 000
巴克尼尔大学	56 100	116 000
斯沃斯莫尔学院	55 900	110 000
阿默斯特学院	54 900	109 000
哈佛福德学院	46 200	109 000
鲍登学院	53 700	106 000
迪肯森学院	44 000	105 000
卡尔顿学院	45 400	104 000
华盛顿—李学院	51 800	104 000
圣十字学院	46 600	104 000
戴维森学院	45 800	103 000
威廉姆斯学院	49 400	103 000
克莱蒙—麦肯纳学院	58 300	102 000
贝茨学院	46 400	101 000
明德学院	45 000	99 200
波莫那学院	50 500	97 500
洛亚那马里兰学院	45 000	97 300
联合学院	47 000	97 100
西方学院	45 300	95 700

美国大学本科毕业生薪水排行榜

美国薪水检测网站发布的 2009 年美国大学毕业生薪水报告显示，劳玛—琳达大学本科毕业生年薪的中位起薪名列美国大学榜首，该校 2009 年大学本科毕业生的中位起薪为 71 400 美元。麻省理工学院名列第二，毕业生的中位起薪为 71 100 美元。排在第三位的是哈维—穆德学院，毕业生的中位起薪为 71 000 美元。

通常美国名牌大学毕业生的年薪、起薪都不错，不过在美国大学毕业生中位起薪最高的 50 所大学中，哈佛、耶鲁这样的老牌名校，本科大学生毕业的起薪却不是数一数二的。以下为 2009 年美国 50 所大学毕业生中位起薪的基本情况。

美国大学毕业生起薪最高的前 10 名大学 （单位：美元）

大学	毕业生中位起薪
劳玛—琳达大学	71 400
麻省理工学院	71 100
哈维—穆德学院	71 000
加州理工学院	69 700
斯坦福大学	67 500
卡内基—梅隆大学	65 300
普林斯顿大学	65 000
纽约技术大学	62 700
伦塞勒技术学院	62 500
伍斯特工学院	61 100

美国大学毕业生起薪最高的前 11 ~ 20 名大学 （单位：美元）

大学	毕业生中位起薪
库珀联合学院	61 100
罗斯休曼技术学院	61 100
宾夕法尼亚大学	60 400
哈佛大学	60 000
科罗拉多矿业学院	60 000
斯蒂文斯技术学院	59 400
佐治亚理工学院	58 900
克莱蒙—麦肯纳学院	58 300
达特茅斯大学	58 200
康奈尔大学	58 000

美国大学毕业生起薪最高的前 21 ~ 30 名大学 （单位：美元）

大学	毕业生中位起薪
圣塔克拉拉大学	58 000
凯特灵大学	57 900
莱斯大学	57 900
约翰—霍普金斯大学	57 800
南达科塔矿业学院	57 800
里哈大学	57 400
伊利诺伊理工学院	57 400
哥伦比亚大学	57 300
密苏里科技大学	57 300
加州大学伯克利分校	57 100

美国大学毕业生起薪最高的前 31 ~ 40 名大学 （单位：美元）

大学	毕业生中位起薪
乔治敦大学	57 000

（续上表）

大学	毕业生中位起薪
加州州立大学圣路易斯—奥比斯珀分校	57 000
杜克大学	56 800
维兰诺瓦大学	56 700
卡斯西部储备大学	56 500
巴克尼尔大学	56 100
曼哈顿学院	56 100
耶鲁大学	56 000
斯瓦特莫尔学院	55 900
克拉森大学	55 400

美国大学毕业生起薪最高的前41～50名大学 （单位：美元）

大学	毕业生中位起薪
圣母大学	55 300
新泽西理工学院	55 100
爱默瑞渡航空大学	55 100
温沃斯理工学院	55 000
阿默斯特学院	54 900
南加州大学	54 600
密尔瓦基工学院	54 600
崔斯勒大学	54 100
伊利诺伊大学厄本香槟分校	53 900
拉法叶特学院	53 700

常春藤名校毕业生的投资回报

提到美国的名校，人们最容易联想到的一个词是“常春藤联盟”（Ivy League）。“常春藤联盟”起源于1954年，当初是由美国东北地区8所大学组成的体育联盟（NCAA Division I）。这8所大学分别是哈佛大学、普林斯顿大学、耶鲁大学、宾夕法尼亚大学、布朗大学、康奈尔大学、哥伦比亚大学和达特茅斯大学。后来《美国新闻与世界报道》开始对美国的学术水平进行排名，这8所大学由于名列前茅，再加上历史悠久，所以“常春藤联盟”逐渐成为美国名校的代名词。

常春藤名校还有一个特点，那就是全部都是私立大学，再加上美国人从英国人继承过来的传统，过去这些学校往往也被称作是培养贵族的学校。20世纪60年代，随着美国民权运动的开展，这些大学开始大量吸收黑人等少数族裔学生入学，以显示学校的多元化。

学费昂贵是常春藤名校的特色，为了使贫寒子弟也能入学，这些学校多为录取的低收入家庭学生提供奖学金。一般而言，常春藤学校一年的学费、学杂费、食宿交通费等费用加起来要超过5万美元，是美国最好的公立大学——加州大学伯克利分校教育费用的一倍以上。

进入常春藤学校的学生4年下来，如果没有奖学金，要获得一张毕业文凭所付出的代价为20万美元左右。当然，20万美元对于富家子弟来说不算什么，但对于没有奖学金或是拿不到全额奖学金、只靠教育贷款完成学业的中产阶级子弟而言，可是一笔不小的投资。不过常春藤学校毕业的学生在职业生涯发展中占有一定优势，而且长期的投资回报率也相当可观。尽管学费昂贵，但如果子女能够进入这些名校，大多数家长还是愿意付出大代价让孩子完成学业的。

常春藤大学的毕业生虽然在起薪上表现得不是最抢眼，但在职业生涯中期的收入却占有优势，全美职业中期收入最高的20所大学中，常春藤大学占了 5 所。下面我们看一下薪资报告网站所做的常春藤大学毕业生的薪水统计报告。

常春藤大学毕业生的收入状况（单位：美元）

大学	毕业中位起薪	职业中期中位收入
达特茅斯大学	58 200	129 000
哈佛大学	60 000	126 000
普林斯顿大学	65 000	124 000
耶鲁大学	56 000	120 000
宾夕法尼亚大学	60 400	118 000
布朗大学	52 300	107 000
康奈尔大学	58 000	106 000
哥伦比亚大学	57 300	100 000

从另一个角度看，在美国大学毕业生职业生涯中期中位收入超过 12 万美元的 9 所大学中，常春藤学校只占 4 所。这表明这些名校的学术威望虽高，但毕业生职业生涯中期的收入状况并未占据绝对优势，甚至有的常春藤学校毕业生的职业生涯中期收入还不如顶尖的公立大学毕业生高。例如布朗大学、康奈尔大学、哥伦比亚大学这三所著名私立大学，毕业生职业生涯中期中位收入都要比公立的加州大学伯克利分校毕业生职业生涯中期中位收入低，哥伦比亚大学毕业生甚至比加州大学伯克利分校毕业生低了 1 万多美元。而在上述三所常春藤名校，大学生 4 年教育的投资都要比加州大学伯克利分校高出 12 万美元以上。从教育投资回报率的角度看，读一流的公立名牌大学甚至比进入一些私立名校更划得来。

即使毕业于常春藤名校，也不是每一个学生毕业后的待遇都很好，这主要看学生所学的专业以及在哪些领域就业。

哈佛大学毕业生从事什么工作

哈佛大学是世界最顶尖的大学，也是无数学子梦寐以求的学术天堂。哈佛毕业生中涌现出无数最优秀的投资银行家和财务分析师，很多人因此认为有了哈佛大学的毕业证书这个金子招牌，在社会上不当金领至少也是个白领。然而哈佛大学毕业生所从事的职业并不全集中在高薪领域，也有许多人是在中学当老师。哈佛大学的毕业生中虽然有不少人进入美国一流的大公司，但也有人到非营利组织工作。

哈佛大学等美国名校被誉为培养社会精英的摇篮，这些学校毕业的学生大多数有着令人羡慕的职业和收入。然而这并不是美国第一流大学培养学生的终极目标，哈佛大学教授加纳德就公开呼吁美国名校的毕业生放弃进入高收入的顾问和金融行业，而进入收入并不是很高的公共服务行业。加纳德认为，现在常春藤名校已成为华尔街的挑选机器，优秀学子在选择职业上大多是以经济上的成功作为标准的，他们更多的是选择金钱而不是理想。

美国大公司为了吸引人才，对毕业于名校的毕业生不仅提供较高的薪水和优厚的福利，而且有的公司还会替毕业生偿还大学学生贷款。为此，哈佛大学、宾夕法尼亚大学等美国培养工商管理人才最著名的大学也采取措施，如建立公共服务奖学金、提供实习项目等鼓励毕业生进入公共服务行业。有的大学对于进入公共服务行业的毕业生实行大学学费贷款免除的优惠，而更多的大学则是为那些毕业后愿意进入公共服务行业工作的毕业生提供专项奖学金。

下面我们看一下哈佛大学本科毕业生从事最多的 19 种职业以及每种职业的收入情况。

哈佛大学毕业生所从事的工作与中位年薪 （单位：美元）

职业	中位年薪
公司总裁	191 000
管理顾问	122 000
软件设计师	115 000
投资银行合伙人	110 000
软件开发工程师	76 900
非营利组织执行总裁	64 100
投资银行分析师	82 500
高中教师	49 400
商业顾问和公司经理	107 000
公司总裁助理	49 400
信息技术项目经理	96 500
律师助理	46 900
财务经理	68 200
非营利组织项目经理	46 500
商业分析师	66 800
金融、有价证券分析师	66 800
软件行业项目经理	97 800
金融研究分析师	58 300
高级编辑	67 400

在美国大学本科毕业生的薪水排行中，哈佛大学并不占首位，反而是一些医学、工程类的大学本科毕业生的收入较高。哈佛大学商学院是美国商学院中最出名的，而且没有本科专业，只培养研究生。所以哈佛商学院的毕业生主要是进入管理领域，这在美国可以说是金领云集的行业。下面我们看一下哈佛大学商学院毕业生所从事的工作以及薪水待遇。

2009 年哈佛大学商学院的毕业生中，32% 的毕业生就业于金融行业，中位基础年薪（即不包括红利和奖金）为 11 万美元；28% 在咨询顾问行业，中位基础年薪为 12.5 万美元；16% 在管理行业，中位基础年薪为 10.5 万美元；9% 在行销行业，中位基础年薪为 9.7 万美元；8% 在商业发展行业，中位基础年薪为 12 万美元；4% 在战略策划行业，中位基础年薪为 10. 9 万美元；3% 在其他行业，中位基础年薪为 9. 75 万美元。

如果按产业分，2009 年哈佛大学商学院毕业生中，26% 担任商业顾问，中位基础年薪为 12. 5 万美元；4% 在娱乐和新闻界担任经理，中位基础年薪为 10. 4 万美元；31% 从事金融服务，中位基础年薪为 11 万美元；7% 在非营利组织和政府部门任职，中位基础年薪为 9 万美元；3% 服务于零售业，中位基础年薪为 10. 5 万美元；2% 在其他类服务业就职，如房地产业，中位基础年薪为 10 万美元；7% 服务于卫生保健行业，中位基础年薪为 10. 5 万美元；5% 在消费产品行业工作，中位基础年薪为 9. 5 万美元；8% 在制造业就职，中位基础年薪为 11. 2 万美元；7% 在科技行业工作，中位基础年薪为 11. 2 万美元。

在不同雇主手下工作，哈佛大学商学院毕业生的薪水也会有很大不同。在美国私人公司工作的人群，其中位年薪为 13. 6 万美元；在大学工作的人群，其中位年薪为 10. 2 万美元；在基金会工作的人群，其中位年薪为 9. 8 万美元；在非营利机构工作的人群，其中位年薪为 6. 5 万美元；在联邦政府工作的人群，其中位年薪为 10 万美元；在州和地方政府工作的人群，其中位年薪为 6. 1 万美元；在连锁企业工作的人群，其中位年薪为 10. 5 万美元；在医院工作的人群，其中位年薪为 21. 3 万美元；自己开公司当老板的人群，其中位年薪为 10. 1 万美元。

同样是哈佛大学商学院的毕业生，在公司担任的职务不同，对收入的影响也很大，这主要取决于个人的能力。担任营运总裁的中位年薪为 22. 5 万美元；担任总裁的中位年薪为 22. 3 万美元；担任行销副总裁的中位年薪为 17. 8 万美元；担任商务副总裁的中位年薪为 14. 1 万美元；担任财务总裁的中位年薪为 14. 8 万美元；担任管理顾问的中位年薪为 12. 3 万美元；担任行销经理的中位年薪为 14. 4 万美元。

工作年限对收入也有最直接的影响。哈佛大学商学院毕业生工作低于 1 年的中位年薪为 8. 7 万美元；工作 1 ~4 年的中位年薪为 9. 4 万美元；工作 5 ~8 年的中位年薪为 12. 1 万美元；工作 10 ~ 19 年的中位年薪为 15. 3 万美元；工作 20 年以上的中位年薪为 17. 5 万美元。

工作地区不同，收入情况也会不一样。哈佛大学商学院毕业生在西雅图工作的中位年薪为 15. 3 万美元；在洛杉矶工作的中位年薪为 14. 4 万美元；在旧金山工作的中位年薪为 14. 4 万美元；在纽约工作的中位年薪为 13. 9 万美元；在亚特兰大工作的中位年薪为 12. 7 万美元；在波士顿工作的中位年薪为12万美元；在芝加哥工作的中位年薪为11.4万美元。

美国名校成为超级富豪摇篮

要想当上超级富豪，入读盛产富豪的大学可能是个踏脚石。2009年，财经杂志《福布斯》首度编制了一个盛产富豪的美国大学排行榜，著名学府哈佛大学名列榜首，该校共产生了54名身家上10亿美元的超级富豪，占世界超级富豪的5%以上。排在第二的斯坦福大学产生了25名超级富豪，比哈佛大学少了一半。

超级富豪排行榜显示，2009年上榜的超级富豪平均净资产为30亿美元，共有793人上榜。美国依旧是全球富豪的聚集地，45%的上榜富豪来自美国，占据了全球富豪总资产的44%。2009年美国身家在10亿美元以上的超级富豪多出自美国的名校，12所大学培养出的超级富豪达192人。可以说，美国是世界上超级富豪最集中的国家，而美国的名校也成为超级富豪的摇篮。

美国有句名言：如果你想让你的后代成为世界上最富有的人，就把你的后代送入有“亿万富翁摇篮”之称的哈佛大学。2009年哈佛大学的毕业生中拥有资产在10亿美元以上的巨富人数为54，这在美国是独占鳌头的，在世界大学中恐怕也没有任何大学能与其争锋。

54名出身哈佛的超级富豪之中，11人在哈佛大学获得学士学位，41人在哈佛大学获得硕士、博士和法学博士学位，2人获得双学位。从哈佛大学走出来的美国超级富豪包括：迈克尔·布伦博格、萨姆纳·莱德斯通、大卫·洛克菲勒和威廉姆·赫斯特三世等。哈佛大学培养出的最大富豪是比尔·盖茨，但因盖茨并没有从哈佛毕业，中途退学，所以盖茨只能算哈佛大学培养出的半个学生。

造就最多超级富豪排名第二的是被称为美国西部哈佛的斯坦福大学，虽然在产生超级富豪的人数上次于哈佛，但斯坦福大学却盛产资讯科技人才。斯坦福毕业生中资产在10亿美元以上的巨富有25名，包括雅虎创办人杨致远和查尔斯·施瓦布。斯坦福大学也有中途退学的学生成为世界巨富，这包括谷歌的创办人谢尔盖·布林和拉瑞·裴基，他们在斯坦福大学获得了计算机专业的硕士学位，却在读博士学位时中途退学，但不管怎么说，他们还是在斯坦福大学获得过学位。而斯坦福大学培养出的另一位巨富则是微软的执行总裁史蒂夫·鲍尔默。

亚军之位本应属于第三位的宾夕法尼亚大学，但由于2008年以来的华尔街风暴，不少富豪财产大缩水，导致近三分之一的巨富资产减少到10亿美元以下。宾夕法尼亚大学商学院的本科教育一直在美国名列前茅，而培养出的富豪人数也仅次于哈佛大学。2008年该校毕业生中有27名资产在10亿美元以上，今年的数字是18，低于斯坦福大学。不过该校培养出的18名超级富豪中，有14名毕业于该校的商学院，由此也可以看出该校的商学院果然名不虚传。目前该校毕业生中资产仍在10亿美元以上的富豪代表人物有：罗纳德、雷纳德、劳德、迈克尔·谬肯。

哥伦比亚大学和耶鲁大学毕业生中资产在10亿美元以上的富豪数目相同，都是16。哥伦比亚大学产生的巨富当属家喻户晓的美国“股神”巴菲特，这位伯克希尔·哈撒韦公司的大老板是哥伦比亚大学1951级的学生，他师从价值投资大师格拉汉姆。哥伦比亚大学最著名的另一位校友则是沃尔玛公司的董事长萨米尔·R. 沃尔顿。耶鲁大学产生的著名亿万富翁主要集中在工业领域，如巧克力大王弗瑞斯特·马斯、黑石公司创办人斯蒂芬·施瓦治曼以及投资者艾迪·蓝波特等。

麻省理工学院的毕业生中有11名资产在10亿美元以上，以数学和工程闻名的这所大学，走出校门成为世界巨富的学生多在科学领域积累了财富。如克赫工业的掌门人查理斯和大卫兄弟等成为富豪后，对母校也作出巨大的回馈，大卫·克赫向麻省理工学院癌症研究院捐献了1亿美元，该院在2010年正式启用。

西北大学和芝加哥大学也是美国的名校，与常春藤名校并驾齐驱，这两所大学分别产生出10名资产在10亿美元以上的富豪。

在美国大学中产生出9名资产在10亿美元以上富豪的学校有4所，它们分别是：康奈尔大学、加州大学伯克利分校、南加州大学和得州大学奥斯汀分校。

康奈尔大学毕业生中的9名超级富豪中有6名来自同一个家族，即约翰逊家族。谷歌的总裁埃里克·施密特在加州大学伯克利分校获得博士学位。南加州大学毕业生中的超级富豪不少在好莱坞的娱乐圈闯天下，校友乔治·卢卡斯2006年为南加大的电影学院捐款1.75亿万美元，另一位亿万富翁校友爱德华·罗斯基则为南加大美术学院捐款2.3万美元。从得州大学奥斯汀分校走出的超级富豪有一些是球队的老板，如明尼苏达海盗队的拥有人比利·乔，拥有得州巡逻兵队、达拉斯星队和利物浦俱乐部的托马斯·黑克斯。

由此可以看出美国大学教育的一个特点，大学不仅仅是学术的“象牙塔”——获得诺贝尔奖的人数会成为判断一所大学是否有影响力的指标之一，但同时，美国大学更注重实用型人才的培养。美国的超级富豪大多集中在金融、管理、房地产、科技等领域，这些领域需要人的创新意识和管理才能。进入名校未必是成功的保证，但美国的超级富豪基本上是从名校走出来的，这也是不争的事实。

美国人最想上的二十五所大学

美国最吸引学生的大学是哪些？美国的一句俚语“削尖脑袋也要进的大学（Gotta-Get-Ins）”指的就是这样的大学。美国大学录取人员公认的顶尖大学有25所，包括：布朗大学、哥伦比亚大学、康奈尔大学、达特茅斯大学、哈佛大学、宾夕法尼亚大学、普林斯顿大学、耶鲁大学、阿默斯特学院、加州大学伯克利分校、加州理工学院、芝加哥大学、杜克大学、乔治敦大学、约翰—霍普金斯大学、麻省理工学院、西北大学、波莫那学院、斯密斯学院、斯坦福大学、斯瓦特莫尔学院、瓦莎学院、华盛顿大学圣路易斯分校、卫斯理学院、威廉姆斯学院。

这25所大学为什么成为美国人最想就读的学校？首先，这些学校都是美国最顶尖的，都有着金子招牌，在学术上傲视群校，而毕业的学生中很多人成为美国社会的精英。其次，这些学校的毕业生走出校门后的收入也很不错，中位起薪基本上都在5万美元以上，而职业生涯中期中位年薪也都超过 10 万美元。下面是部分学校毕业生的收入状况。

美国部分大学本科毕业生收入情况　　（单位：美元）

大学	中位起薪	职业生涯中期中位年薪
达特茅斯大学	58 200	129 000
麻省理工学院	71 100	126 000
斯坦福大学	67 500	124 000
普林斯顿大学	65 000	124 000
耶鲁大学	56 000	120 000
宾夕法尼亚大学	60 400	118 000
杜克大学	56 800	116 000
加州理工学院	69 700	115 000
加州大学伯克利分校	57 100	112 000
乔治敦大学	57 000	111 000
斯瓦特莫尔学院	55 900	110 000
布朗大学	52 300	107 000
芝加哥大学	51 700	107 000
康奈尔大学	58 000	106 000
威廉姆斯学院	49 400	100 000
哥伦比亚大学	57 300	100 000

一些家长为了让自己的孩子能够进入这些大学而绞尽脑汁，但随着人口的增多、民众收入的提高以及对教育价值重视程度的提高，数以百万计的美国家庭对子女进入名校非常关注，但结果却往往不尽如人意。虽然在美国上大学不是一件难事，但进入名校却如同是一场大战，每一年都有大量优秀的高中生被名校拒之门外。

哈佛大学经济学家豪科斯比所做的一项研究显示，从美国最好的大学毕业的本科生，一生的收入可达到 290 万美元。从一流大学毕业的本科生，一生的收入可达到 280 万美元，两者的差异并不是很大。而从普通大学毕业的本科生，一生的收入约为 250 万美元，与一流大学本科毕业生一生的收入差距为 30 ~ 40 万美元。当然这只是个平均数，一流大学的毕业生中更容易产生佼佼者，而其职业生涯的收入将远不止几百万美元。

公立大学“大锅饭”里的“牛肉”

美国高等教育的一个趋势是公立大学在高等教育中的作用越来越大，质量也不输给私立大学，像加州大学伯克利分校、加州大学洛杉矶分校、密歇根大学、弗吉尼亚大学则被称为公立的常春藤学校。

以加州大学伯克利分校等为代表的美国顶尖公立大学，在各种综合性学术指标和统计数据上与著名的私立大学如哈佛大学、普林斯顿大学、耶鲁大学等相比，并不逊色。这些公立大学既在相当多的学科专业上保持了顶尖的学术标准，同时又实行了多样化的学术标准，提供了比一流私立大学更宽广的学科专业领域，办学规模和人才培养规模大大超过一流私立大学。

如今公立大学不仅费用低，而且比以往任何时期都更能吸引更多优秀的高中生选择入读。现在一流的公立大学入学竞争已不亚于私立大学名校，申请入学的高中生的学术表现也相当优异。

美国顶尖公立大学大多从《莫雷尔法案》颁布后的赠地学院发展而来，在教授的成就和杰出性的统计数据上也可以看出这些大学为何拥有很高的知名度。

加州大学伯克利分校历史上共有23位教授或校友荣获过诺贝尔奖，23位教授荣获过国家科学奖章，9位教授荣获过沃尔夫奖。目前任教的教授中有8位诺贝尔奖得主、3位普利策奖得主、127位国家科学院院士、70位国家工程院院士。

密歇根大学历史上共有7位教授或校友荣获过诺贝尔奖，4位教授荣获过国家科学奖章，出过1位美国总统。目前任教的教授中有24位国家科学院院士、20位国家工程院院士。

伊利诺伊大学历史上共有20位教授或校友荣获过诺贝尔奖，21位教授或校友荣获过普利策奖，11位教授荣获过国家科学奖章，5位教授荣获过沃尔夫奖。目前任教的教授中有2位诺贝尔奖得主、2位普利策奖得主、26位国家科学院院士、29位国家工程院院士。

威斯康星大学历史上共有17位教授或校友荣获过诺贝尔奖，20位教授或校友荣获过普利策奖，9位教授荣获过国家科学奖章，4位教授荣获过沃尔夫奖。目前任教的教授中有42位国家科学院院士、20位国家工程院院士。

加州大学洛杉矶分校历史上共有5位教授或校友荣获过诺贝尔奖，7位教授荣获过国家科学奖章，1位教授荣获过沃尔夫奖。目前任教的教授中有30位国家科学院院士、15位国家工程院院士。

得克萨斯大学历史上有1位教授荣获过诺贝尔奖，3位教授荣获过国家科学奖章，2位教授荣获过沃尔夫奖。目前任教的教授中有13位国家科学院院士、42位国家工程院院士。

如果按照学术排名，美国著名的公立大学前20名如下：加州大学伯克利分校、加州大学洛杉矶分校、弗吉尼亚大学、密歇根大学安娜堡分校、北卡莱罗纳大学教堂山分校、威廉—玛丽学院、佐治亚理工学院、加州大学圣地亚哥分校、伊利诺伊大学厄本香槟分校、威斯康星大学麦迪逊分校、加州大学戴维斯分校、加州大学圣塔巴巴拉分校、西雅图华盛顿大学、加州大学尔湾分校、宾州州立大学大学公园分校、佛罗里达大学、得州大学奥斯汀分校、俄亥俄州州立大学哥伦布分校、马里兰大学学院分校、匹兹堡大学等。

薪水检测网站根据大学生毕业后的薪水调查而评选出的美国最有价值公立大学，主要是从经济收入的差异角度来观察大学教育的价值。从下面表格所列出的数据可以看出，在最有价值的25所公立大学中，6所公立大学毕业生职业生涯中期的中位年薪在10万美元以上，9～10万美元的大学占了大多数。

在美国大学毕业生职业生涯中期收入最高的20所大学中，毕业生职业生涯中期的中位年薪在12万美元以上的大学有8所，11～12万美元的大学有12所。从下表的数据可以看出，一流公立大学毕业生职业生涯中期的中位年薪在9～11万美元，这表明一流的公立大学与一流的私立大学相比，职业生涯中期每年的收入差距为2万美元左右。如果将同样获得大学文凭所投入的教育费用加以比较，应当说这一差距并不是很大。特别是第一流的公立大学如加州大学伯克利分校本身已跻身于美国大学毕业生职业中期收入最高的20所大学之列，这也表明一流公立大学的教育质量和社会对其毕业生的回报与私立一流大学逐渐并驾齐驱。

美国最有价值公立大学毕业生收入一览表 （单位：美元）

大学	毕业生中位起薪	职业中期中位年薪
加州大学伯克利分校	57 100	112 000
科罗拉多矿业学院	60 000	109 000
佐治亚理工学院	58 900	105 000
新泽西技术学院	55 100	104 000
加州大学圣地亚哥分校	50 700	103 000
加州州立理工大学圣路易斯—奥比斯珀分校	57 000	102 000
伊利诺伊大学厄本香槟分校	53 900	99 700
加州大学圣塔巴巴拉分校	49 700	98 400
弗吉尼亚技术学院	52 900	97 400
弗吉尼亚大学	52 200	97 200
加州大学洛杉矶分校	51 600	97 000
圣荷西州立大学	53 400	96 300
迈阿密大学	47 100	96 100
加州大学戴维斯分校	51 200	95 400
得州农工大学	51 100	95 000
科罗拉多大学博德分校	47 100	94 300
鲁特格斯大学	50 000	92 900
加州大学尔湾分校	47 600	92 700
加州州立理工大学波莫那分校	51 600	92 400
南达科他州矿山技术学院	57 800	92 300
密歇根大学	51 700	91 900
得州大学奥斯汀分校	50 000	91 300
普度大学	51 000	90 700
史东尼—布鲁克大学	50 900	90 100
密歇根技术大学	53 400	90 100

一

美国最划算的四十所私立大学

2009 年是美国高等教育面临最大挑战的一年，尤其是私立大学长期依赖的捐款基金在股票市场上大缩水，而学生申请奖学金和资助的人数大升，不少优秀的高中毕业生放弃名牌私立大学转而申请进入公立大学。不过最新的统计数据却显示，即使是在经济不景气的 2009 年，申请进入私立大学的学生在金融资助上也比 2008 学年获益更多。美国一流的私立大学一年的教育费用达到 5 万美元，但如果学生能够获得奖学金，一年的费用可能会降低一半，几乎与一流公立大学的教育费用差不多。

吉普林格财经网站推出的 2009—2010 学年美国最有价值的 100 所私立大学和 100 所公立大学，主要是从教育质量、教育的投资等指标来衡量的。在教育质量方面，考量的指标有学生的 SAT 考试成绩、学生录取率和实际入学率、学生与教师比例、学生四年和五年的毕业率；在教育投资方面，考量的指标有大学教育的全部费用、大学提供金融资助情况、学生毕业后所背负的教育债务等。该网站推出的美国最有价值大学排名与其他以学术成就为主的美国最佳大学排名最大的区别在于，学生选择大学既要考虑进入教育质量最好的大学，又要评估教育投资的费用，也就是削减教育投资但不降低教育质量。

下面为 2009—2010 学年美国最有价值的四十所私立大学排名情况，本文只对前十名大学作粗略的介绍。

2009—2010 学年美国最有价值的十所私立大学

大学	本科学生（人）	录取率（%）	毕业率（%）	学生与教师比例	学费（美元）	教育债务（美元）
加州理工学院	921	17	81	3 : 1	46 629	9 871
普林斯顿大学	4 981	10	90	5 : 1	49 055	5 955
耶鲁大学	5 277	9	87	6 : 1	48 450	12 297
莱斯大学	3 051	25	78	5 : 1	44 088	20 000
哈佛大学	6 678	8	88	8 : 1	49 684	10 813
杜克大学	6 496	22	88	6 : 1	51 125	24 205
哥伦比亚大学	5 667	11	87	6 : 1	54 789	18 420
宾夕法尼亚大学	9 756	17	88	6 : 1	51 080	19 085
达特茅斯大学	4 147	13	86	8 : 1	51 821	20 126
麻省理工学院	4 153	12	83	7 : 1	50 292	14 148

而排在第十一名至四十名的大学依次为：斯坦福大学、布朗大学、艾默瑞大学、李察蒙德大学、西北大学、圣母大学、范德比尔特大学、康奈尔大学、芝加哥大学、约翰—霍普金斯大学、华盛顿大学圣路易斯分校、塔夫茨大学、波士顿学院、伯兰蒂斯大学、威克森林大学、乔治敦大学、雷哈大学、艾伦大学、威拉诺大学、班特立大学、垂尼提大学、迈阿密大学、南加州大学、罗切斯特大学、普罗威登斯学院、爱默生学院、克拉克大学、科瑞艾特大学、怀特沃斯大学、卡内基—梅隆大学。

美国最划算的二十所公立大学

近几年美国公立大学由于教育经费短缺，因此不断调整学费。尽管公立大学的学费比私立大学低许多，但由于公立大学肩负着普及大学教育的重任，很多家庭经济条件、个人学业水平一般的学生仍要靠进入公立大学才能实现接受高等教育的梦想。所以公立大学的学费对大多数想进入大学的年轻人影响最大。下面是美国媒体评选出的最划算的 20 所公立大学。

美国最划算的 20 所公立大学

大学	本科生（人）	录取率（%）	600 分以上学生比率（SAT 英文成绩）（%）	24 分以上学生比率（ACT 数学成绩）（%）	学生与教师比例	毕业率（%）	费用（州内）（美元）	费用（州外）（美元）	教育债务（美元）
北卡罗莱纳大学教堂山分校	17 895	34	75	82	14 : 1	75	15 296	33 184	14 936
佛罗里达大学	34 654	39	65	73	20 : 1	54	12 863	32 234	15 318
弗吉尼亚大学	15 208	37	78	83	15 : 1	85	19 312	41 312	19 016
威廉—玛丽学院	5 850	34	84	83	11 : 1	84	20 566	40 000	12 859
伯明顿大学	11 821	40	66	83	20 : 1	69	18 175	26 075	14 541
佐治亚大学	25 467	56	58	62	18 : 1	51	16 636	34 846	14 343
华盛顿大学	29 397	61	48	63	11 : 1	51	17 676	34 351	16 800
马里兰大学	26 431	39	66	76	18 : 1	63	18 455	34 392	20 091
尚尼—吉恩索大学	5 451	37	80	87	19 : 1	58	17 176	25 076	18 700
北卡罗莱纳州立大学	24 741	59	36	56	16 : 1	37	14 390	26 875	14 996
加州大学圣地亚哥分校	22 518	42	—	—	19 : 1	56	22 900	36 771	16 317
新佛罗里达学院	785	58	—	—	10 : 1	45	13 367	34 969	13 162
加州大学洛杉矶分校	26 536	23	—	—	16 : 1	65	23 762	45 785	16 733
威斯康星大学麦迪逊分校	30 750	53	—	—	14 : 1	51	17 394	32 143	21 123
佐治亚科技学院	12 973	61	—	—	14 : 1	31	16 810	35 220	20 881

（续上表）

大学	本科生（人）	录取率（%）	600分以上学生比率（SAT英文成绩）（%）	24分以上学生比率（ACT数学成绩）（%）	学生与教师比例	毕业率（%）	费用（州内）（美元）	费用（州外）（美元）	教育债务（美元）
弗吉尼亚工学院暨州立大学	23 567	65	—	—	14∶1	52	15 509	28 782	21 678
佛罗里达州立大学	29 869	47	—	—	21∶1	47	13 566	27 804	16 927
加州大学伯克利分校	25 151	22	—	—	15∶1	64	24 628	47 297	14 291
密歇根大学	25 994	42	—	—	15∶1	70	21 631	44 909	25 586
加州大学尔湾分校	22 122	49	—	—	19∶1	57	22 284	44 953	14 323

第三章

专业、就业，市场与机遇

□本章导读

人们常说："女怕嫁错郎，男怕入错行。"上了大学、选了专业、毕了业，那就是真的要入一行了。

大学文凭对于一个人在职场上找到收入不错的职业而言越来越重要，而大学的专业在职场上对一个人未来的发展和收入的重要性也越来越明显。学子们进入大学，有的人选择英语专业，也有的人喜爱计算机专业、工程专业，还有的人要学会计专业、金融专业、经济学专业。这些专业在就业市场上很热门，职业生涯方向相对比较固定。而有的专业则好像万金油，毕业后似乎干什么都可以。

大学专业会对学子们毕业后的收入及其一生的经济状况产生很大的影响，当一个人选择了自己喜爱的专业后也许就选定了终身的职业。虽然任何一个专业的毕业生都有可能在人生中走上意想不到的职业道路，但专业的选择却是迈向职业生涯的第一步。

什么专业是好专业？什么专业最有前途？什么专业毕业后会有高收入？这些问题会因人、因地、因国情而异，但有一点却是明确的，"三百六十行，行行出状元"，就看你喜欢哪一行。

然而，一个人喜欢的专业未必就是就业市场容易找到工作的专业，学子们要按自己的兴趣选择专业还是按照市场的需求选择专业？这是一个多多少少要费些时间去思考的问题。

——作者手记

2010 年美国四大类研究生院谁领风骚

2008 年开始的经济危机至今仍困扰着美国民众，而且对美国高等教育也产生了重大影响，硕士学位以上的研究生教育成为很多人的新选择，申请读研的学生人数大增。《美国新闻与世界报道》推出了 2010 年美国最佳研究生院排行榜，哈佛大学等美国名校在各类研究生院中占有绝对优势。2010 年美国大学最佳商学院由哈佛大学和斯坦福大学并列第一，哈佛大学在美国大学最佳医学院排名中也夺得第一。耶鲁大学法学院在全美大学排名上 20 年来独领风骚，2010 年也不例外，依然独占鳌头。麻省理工学院在全美大学工学院的排名中占据第一的宝座。以下为美国大学四类研究生院 2010 年的最新排名。

2010 年排名前二十的美国大学商学院（研究生院）

排名	大学	学费（美元）	录取学生人数（人）
1	哈佛大学	46 150	1 837
2	斯坦福大学	51 321	765
3	麻省理工学院	48 650	792
4	西北大学	49 074	1 241
5	芝加哥大学	49 020	1 185
6	宾夕法尼亚大学	46 600	1 674
7	达特茅斯大学	47 835	510
8	加州大学伯克利分校	36 472（州内学生） 45 672（州外学生）	494
9	哥伦比亚大学	49 728	1 293
10	纽约大学	43 100	826
11	耶鲁大学	47 200	429

（续上表）

排名	大学	学费（美元）	录取学生人数（人）
12	密歇根大学安娜堡分校	42 800（州内学生） 47 800（州外学生）	910
13	弗吉尼亚大学	41 270（州内学生） 46 270（州外学生）	642
14	杜克大学	45 850	885
15	加州大学洛杉矶分校	36 434（州内学生） 44 675（州外学生）	730
16	卡内基—梅隆大学	49 200	413
17	得州大学奥斯汀分校	26 450（州内学生） 42 580（州外学生）	534
18	康奈尔大学	47 150	553
19	华盛顿大学圣路易斯分校	42 525	300
20	南加州大学	41 990	458

2010 年排名前二十的美国大学法学院（研究生院）

排名	大学	学费（美元）	录取学生人数（人）
1	耶鲁大学	48 340	613
2	哈佛大学	43 900	1 771
3	斯坦福大学	44 121	557
4	哥伦比亚大学	48 004	1 309
5	芝加哥大学	44 754	590
6	纽约大学	44 820	1 427
7	加州大学伯克利分校	35 907（州内学生） 48 152（州外学生）	892
8	宾夕法尼亚大学	46 514	790
9	密歇根大学安娜堡分校	43 250（州内学生） 46 250（州外学生）	1 122

（续上表）

排名	大学	学费（美元）	录取学生人数（人）
10	弗吉尼亚大学	38 800（州内学生） 46 250（州外学生）	1 122
11	杜克大学	45 271	626
12	西北大学	47 472	814
13	康奈尔大学	48 950	622
14	乔治敦大学	43 750	1 628
15	加州大学洛杉矶分校	35 327（州内学生） 45 967（州外学生）	101
16	得州大学奥斯汀分校	27 177（州内学生） 42 814（州外学生）	1 182
17	范德比尔大学	44 074	594
18	南加州大学	41 990	618
19	华盛顿大学圣路易斯分校	42 330	851
20	乔治—华盛顿大学	42 205	1 328

2010年排名前二十的美国大学工学院（研究生院）

排名	大学	学费（美元）	录取学生人数（人）
1	麻省理工学院	37 510	2 702
2	斯坦福大学	39 840	3 399
3	加州大学伯克利分校	0（州内学生） 15 036（州外学生）	1 768
4	佐治亚理工学院	6 844（州内学生） 24 956（州外学生）	4 530
5	伊利诺伊大学厄本香槟分校	13 636（州内学生） 26 902（州外学生）	2 633
6	卡内基—梅隆大学	35 700	2 240
7	加州理工学院	33 324	532

（续上表）

排名	大学	学费（美元）	录取学生人数（人）
8	密歇根大学安娜堡分校	19 690（州内学生） 37 058（州外学生）	2 660
9	得州大学奥斯汀分校	8 414（州内学生） 15 510（州外学生）	2 450
10	康奈尔大学	29 500	1 610
11	南加州大学	24 912	4 144
12	得州农工大学学院站分校	每学分 220（州内学生） 每学分 503（州外学生）	2 906
13	普度大学西拉法叶特分校	9 182（州内学生） 25 662（州外学生）	2 625
14	加州大学圣地亚哥分校	0（州内学生） 14 694（州外学生）	1 345
15	加州大学洛杉矶分校	0（州内学生） 15 042（州外学生）	1 635
16	威斯康星大学麦迪逊分校	10 517（州内学生） 25 072（州外学生）	1 750
17	普林斯顿大学	36 610	517
18	哥伦比亚大学	39 240	1 841
19	哈佛大学	33 696	356
20	加州大学圣塔巴巴拉分校	0（州内学生） 15 349（州外学生）	671

2010 年排名前二十的美国大学医学院（研究生院）

排名	大学	学费（美元）	录取学生人数（人）
1	哈佛大学	42 500	705
2	宾夕法尼亚大学	42 472	622
3	约翰—霍普金斯大学	39 500	480

（续上表）

排名	大学	学费（美元）	录取学生人数（人）
4	加州大学旧金山分校	0（州内学生） 12 245（州外学生）	631
5	华盛顿大学圣路易斯分校	47 150	475
6	杜克大学	42 771	421
7	密歇根大学安娜堡分校	27 284（州内学生） 43 638（州外学生）	901
8	华盛顿大学	20 997（州内学生） 50 037（州外学生）	901
9	耶鲁大学	43 850	414
10	哥伦比亚大学	44 864	638
11	斯坦福大学	45 018	470
12	加州大学洛杉矶分校	0（州内学生） 12 245（州外学生）	726
13	芝加哥大学	38 970	430
14	匹兹堡大学	36 752（州内学生） 40 772（州外学生）	569
15	范德比尔特大学	39 400	451
16	康奈尔大学	44 650	406
17	加州大学圣地亚哥分校	0（州内学生） 12 245（州外学生）	498
18	圣西纳医学院	36 660	534
19	西北大学	42 974	700
20	卡斯西部储备大学	45 930	817

美国大学最好的商学、工程学专业

说到美国的教育，美国有句话——不一定要上最好的大学，但一定要上最适合你的大学。同样，最好的大学未必是最佳的选择，但最好的专业就是最好的饭碗。所以说，在美国读大学，选专业往往比选大学还重要。从整体上看，商学院和工程学院的毕业生市场需求量大，起薪也不错，2009 年大学本科毕业生起薪最高的十大专业全部归属于商学院和工程学院（法学院和医学院本科通常要 8 年才毕业，因此通常不与四年制的专业做比较）。

美国大学评鉴机构对各大学的调查显示，公立大学和私立大学在本科商学各专业的质量和名气上基本平分秋色，因哈佛、耶鲁、普林斯顿这些名校没有商学的本科，因此，私立的宾夕法尼亚大学商学院一直在本科教育中独占鳌头，而公立的加州大学伯克利分校则紧随其后。美国十大顶尖商学院（本科）排名多年来变化不大，依次为：宾夕法尼亚大学、麻省理工学院、加州大学伯克利分校、密歇根大学安娜堡分校、纽约大学、卡内基—梅隆大学、北卡罗莱纳大学教堂山分校、得州大学奥斯汀分校、弗吉尼亚大学、南加州大学。

如果想报考商学院，除了要看商学院排名外，还要看这些名校的有关专业排名。例如，想毕业后做会计师并计划进入美国的四大会计事务所，宾夕法尼亚大学未必是最好的选择，哈佛、耶鲁更不用说了。最好的选择可能是得州大学奥斯汀分校，这所学校的会计专业从本科到硕士、博士在美国各大学中都是排名第一的，因此，美国四大会计事务所对这所大学会计专业的毕业生非常青睐。下面是美国商学院（本科）各个专业的排名情况。

会计专业（Accounting）：

1. 得州大学奥斯汀分校；2. 伊利诺伊大学厄本香槟分校；3. 宾夕法尼亚大学；4. 布拉翰姆—杨格大学普汝沃分校；5. 南加州大学；6. 密歇根大学安娜堡分校；7. 圣母大学；8. 印地安纳大学伯明顿分校；9. 纽约大学；10. 密歇根州立大学。

金融专业（Finance）：

1. 宾夕法尼亚大学；2. 纽约大学；3. 密歇根大学安娜堡分校；4. 得州大学奥斯汀分校；5. 加州大学伯克利分校；6. 麻省理工学院；7. 北卡罗来纳大学教堂山分校；8. 弗吉尼亚大学；9. 印地安纳大学伯明顿分校；10. 卡内基—梅隆大学。

管理专业（Management）：

1. 密歇根大学安娜堡分校；2. 宾夕法尼亚大学；3. 得州大学奥斯汀分校；4. 加州大学伯克利分校；5. 北卡罗莱纳大学教堂山分校；6. 弗吉尼亚大学；7. 麻省理工学院；8. 印地安纳大学伯明顿分校；9. 纽约大学；10. 得州农工大学学院站分校。

市场学专业（Marketing）：

1. 宾夕法尼亚大学；2. 密歇根大学安娜堡分校；3. 得州大学奥斯汀分校；4. 北卡罗莱纳大学教堂山分校；5. 加州大学伯克利分校；6. 印地安纳大学伯明顿分校；7. 纽约大学；8. 佛罗里达大学；9. 弗吉尼亚大学；10. 威斯康星大学麦迪逊分校。

国际商务专业（International Business）：

1. 南卡罗莱纳大学哥伦比亚分校；2. 宾夕法尼亚大学；3. 纽约大学；4. 密歇根大学安娜堡分校；5. 南加州大学；6. 得州大学奥斯汀分校；7. 加州大学伯克利分校；8. 佐治亚大学；9. 华盛顿大学；10. 天普大学。

信息管理专业（Management Information Systems）：

1. 麻省理工学院；2. 卡内基—梅隆大学；3. 得州大学奥斯汀分校；4. 亚利桑那大学；5. 马里兰大学学院公园分校；6. 明尼苏达大学双城分校；7. 宾夕法尼亚大学；8. 佐治亚州立大学；9. 佐治亚大学；10. 密歇根

大学安娜堡分校。

保险专业（Insurance）：

1. 宾夕法尼亚大学；2. 佐治亚大学；3. 威斯康星大学麦迪逊分校；4. 佐治亚州立大学；5. 佛罗里达州立大学；6. 得州大学奥斯汀分校；7. 伊利诺伊大学厄本香槟分校；8. 纽约大学；9. 天普大学；10. 南卡罗莱纳大学哥伦比亚分校。

房地产专业（Real Estate）：

1. 宾夕法尼亚大学；2. 威斯康星大学麦迪逊分校；3. 佐治亚大学；4. 纽约大学；5. 加州大学伯克利分校；6. 佛罗里达大学；7. 南加州大学；8. 康涅狄格大学；9. 伊利诺伊大学厄本香槟分校；10. 得州大学奥斯汀分校。

美国最好的工程学院可以分为可授予博士学位的大学、可授予硕士学位的大学以及可授予学士学位的大学三类，除了一些专门的工程学院和大学外，最好的工程学院多可授予博士学位，因此本文只介绍可授予博士学位的大学的工程学院以及相关专业的排名情况。

化学工程专业（Chemical Engineering）：

1. 麻省理工学院；2. 加州大学伯克利分校；3. 威斯康星大学麦迪逊分校；4. 明尼苏达大学双城分校；5. 斯坦福大学；6. 加州理工学院；7. 得州大学奥斯汀分校；8. 伊利诺伊大学厄本香槟分校；9. 德拉瓦尔大学；10. 密歇根大学安娜堡分校。

计算机工程专业（Computer Engineering）：

1. 麻省理工学院；2. 斯坦福大学；3. 卡内基—梅隆大学；4. 加州大学伯克利分校；5. 伊利诺伊大学厄本香槟分校；6. 佐治亚理工学院；7. 密歇根大学安娜堡分校；8. 加州理工学院；9. 康奈尔大学；10. 得州大学奥斯汀分校。

电子工程专业（Electrical/Electronic/Communications Engineering）：

1. 麻省理工学院；2. 斯坦福大学；3. 伊利诺伊大学厄本香槟分校；

4. 加州大学伯克利分校；5. 佐治亚理工学院；6. 密歇根大学安娜堡分校；7. 加州理工学院；8. 康奈尔大学；9. 普度大学；10. 卡内基—梅隆大学。

工程科学专业（Engineering Science/Engineering Physics）：

1. 康奈尔大学；2. 加州大学伯克利分校；3. 密歇根大学安娜堡分校；4. 加州理工学院；5. 伊利诺伊大学厄本香槟分校；6. 宾州州立大学大学公园分校。

航太工程专业（Aerospace/Aeronautical/Astronautical）：

1. 麻省理工学院；2. 佐治亚理工学院；3. 密歇根大学安娜堡分校；4. 普度大学；5. 加州理工学院；6. 伊利诺伊大学厄本香槟分校；7. 斯坦福大学；8. 得州大学奥斯汀分校；9. 马里兰大学学院公园分校；10. 弗吉尼亚理工大学。

农业工程专业（Agricultural Engineering）：

1. 伊利诺伊大学厄本香槟分校；2. 康奈尔大学；3. 得州农工大学；4. 爱荷华州立大学；5. 普度大学；6. 加州大学戴维斯分校；7. 佛罗里达大学；8. 俄亥俄州立大学哥伦布分校；9. 宾州州立大学大学公园分校；10. 北卡罗莱纳州立大学。

生物医学工程专业（Biomedical Engineering）：

1. 约翰—霍普金斯大学；2. 杜克大学；3. 佐治亚理工学院；4. 加州大学圣地亚哥分校；5. 麻省理工学院；6. 卡斯西部储备大学；7. 密歇根大学安娜堡分校；8. 宾夕法尼亚大学；9. 波士顿大学；10. 莱斯大学。

环境工程专业（Environmental Engineering/Environmental Health Engineering）：

1. 斯坦福大学；2. 伊利诺伊大学厄本香槟分校；3. 加州大学伯克利分校；4. 麻省理工学院；5. 约翰—霍普金斯大学；6. 佐治亚理工学院；7. 得州大学奥斯汀分校；8. 密歇根大学安娜堡分校；9. 康奈尔大学；10. 卡内基—梅隆大学。

大学教育与大学专业

有一名非常喜爱写作的年轻人，他的目标是大学毕业后当一名记者，然而当他意识到同样是要笔杆子，在公共关系部门的收入要比当记者收入高不少之后，他选择了公共关系作为大学的主修专业。这名年轻人的故事提出了一个问题，大学所学的专业价值在哪里？

回答这个问题并不难，这主要看一个人在大学主修的专业是什么。例如，计算机科学或工程专业对学生在特定的领域进行专门的训练，学生毕业后也会在其专业领域内寻找工作，发挥所长并得到相应的经济回报。获得计算机科学学士学位、工作经历不足一年的人，他的年收入是49 756 美元；拥有计算机专业学士学位、担任高级软件工程师的人，其年薪可达87 534美元；从事计算机程序设计的人，年薪只有48 740 美元。下面是美国大学计算机专业毕业生通常所从事的职业以及收入情况。

计算机专业毕业生所从事的职业和收入一览表　（单位：美元）

职业	中位年薪
软件开发者	76 900
高级软件工程师	98 600
程序分析师	75 400
信息技术经理	86 400
信息技术项目经理	96 500
计算机网络系统工程师	84 700
信息技术顾问	98 200
网络开发者	51 400
信息技术商业开发师	80 500

（续上表）

职业	中位年薪
软件设计师	115 000
数据库管理者	83 500
软件开发工程师	76 900
信息技术主管	112 000
软件开发经理	119 000
信息技术专家	65 800
计算机网络工程师	81 500
计算机系统管理者	62 500
信息技术设计师	114 000
网络管理者	56 800
计算机、网络技术员	47 800
高级系统分析师	84 500

与计算机、工程等专业的毕业生职业发展往往集中在特定行业不同，文科类大学毕业生的职业选择面较宽，从事的职业可谓五花八门，收入状况也有很大的差别。例如，同是英语专业的毕业生，如果一个人到美国的非营利组织工作，其年收入可能只有 2 万到 3 万美元，但如果进入营销行业，年收入可能会在 5 万美元以上。

如果观察文科和理工科专业的差别，就会发现，理工科的专业大部分是特定职业型的专业，像电气工程专业的毕业生的职业恐怕就是电气工程师，而且这一行业的薪水标准也比较固定。而文科大部分专业不属于特定职业型的专业，也可称为万金油，其毕业生一走出校门，在社会上除了技术性太强的工作外，哪行哪业似乎都可以干。由于不同行业会有不同的薪水标准，同样是英语专业的毕业生，进入不同的行业，收入的差距也会很大。下面我们看一下英语专业毕业生在不同职业上的收入情况。

英语专业从事不同职业收入一览表 （单位：美元）

职业	中位年薪
撰稿人	65 700
管理助理	34 800
部门经理	41 500
广告撰稿人	53 400
高中教师	54 390
零售店经理	52 500
营销指导员	39 900
初中教师	52 570
律师助理	54 300
编辑助理	30 500
编辑主管	62 300
小学教师	52 240
编辑	51 500
顾客服务代表	34 600
非营利组织执行总裁	64 100
出版社编辑	47 000
法律事务秘书	51 900
总裁助理	49 400

生物学是很多年轻学子比较喜欢的专业，学这类专业的学生比较容易出国，外国大学也喜欢招收这类专业的外国学生，中国赴美留学生中也有不少人在美国攻读生物学的博士学位。那么，美国大学生物学专业的本科生毕业后会从事哪些工作？他们的收入待遇又是如何？下面是美国大学生物学专业毕业生最常从事的职业。

生物专业从事不同职业收入一览表 （单位：美元）

职业	中位年薪
生物工程研究助理	60 300
医院实验室技术员	54 500
研究工作实验室技术员	35 200
药房技术员	31 600
高中教师	49 400
医学研究助理	33 300
兽医技术员	35 600
注册护士	64 500
临床研究助理	58 900
生物学家	52 500
化学实验室技术员	46 400
生物技术专家	58 800
生物研究科学家	74 300
管理助理	34 800
零售商店经理	52 500
医学助理	32 800
环境科学家	61 300
实验室技术员	41 900
检验科实验室科学家	68 400
医药品销售代表	103 000

美国进入商学院攻读工商管理的人很多，工商管理专业可以说是美国大学最热门的专业。但获得工商管理学士学位的学生并不一定都能成为管理者。下面是美国获得工商管理学士学位的大学毕业生所从事的一些职业，从中也可以看出即使是获得同样学位的人，由于在不同行业、不同职位就职，收入上的差距依然很大。

工商管理专业从事不同职业收入一览表　　（单位：美元）

职业	中位年薪
人力资源经理	69 300
零售店经理	52 500
业务经理	71 400
经理助理	34 800
零售店经理助理	40 200
建筑业项目经理	90 200
客户服务代表	34 600
办公室经理	44 300
人力资源管理人员	53 600
人力资源主任	84 600
总裁助理	49 400
信息技术项目经理	96 500
人力资源专家	71 700
区域销售经理	109 000
银行分行经理	58 100
餐馆总经理	58 500
信息技术商业分析师	80 500
商业分析师	80 500
市场行销经理	81 900
医生办公室经理	44 100
业务部主任	103 000
医院总经理	74 500

在美国，工程专业前途很好，种类也很多，而机械工程是最基础的工程专业。美国很多机械工程师都是大学本科毕业，而且机械工程专业毕业生就业的领域很广，在职业生涯中发展的机会也较多。下面是美国大学机械工程专业本科生毕业后所从事的一些职业以及收入状况。

机械工程专业从事不同职业收入一览表 （单位：美元）

职业	中位年薪
机械工程师	74 400
机械设计工程师	69 400
项目工程师	82 700
制造业工程师	73 400
设计工程师经理	111 000
采暖通风空调机械工程师	82 400
建筑项目经理	90 200
制造业工程经理	102 000
制造加工工程师	75 500
应用工程师	72 100
建筑项目工程师	62 000
制造业项目经理	84 000
太空工程师	96 500
汽车行业产品开发工程师	86 800
航空、太空项目工程师	98 600
制造业项目工程师	83 400
常规产品设计工程师	83 800
高级软件工程师	98 600
制造业工厂经理	103 000
现场安装工程师	95 900
软件开发工程师	76 900
公司负责工程的副总裁	154 000
结构工程师	77 500
业务经理	71 400
航空、太空程序经理	107 000

经济学专业所研究的经济既有宏观也有微观，所以这个专业毕业的学生的收入也有高有低。有才华的人可以成为世界上最著名的经济学家，甚至获得诺贝尔奖，但也有的人可能只是个助理，仅能混口饭吃。下面是美

国大学经济学专业毕业生所从事的一些职业和收入情况。

经济学专业从事不同职业收入一览表　（单位：美元）

职业	中位年薪
财务分析师	54 300
信息技术项目经理	96 500
会计师	46 100
信息技术商业分析师	80 500
公司财务分析师	58 700
管理顾问	122 000
金融、银行商业分析师	66 800
银行信用分析师	45 200
财务管理师	86 800
行政助理	34 800
财务研究分析师	58 300
银行分行经理	58 100
商业咨询顾问	107 000
数据分析师	56 800
金融、证券投资分析师	66 100
零售店经理	52 500
经济学家	80 000
财务顾问	94 800
市场拓展经理	70 200
建筑业项目经理	90 200
业务经理	79 900
销售经理	81 900
销售部主任	137 000
证券交易员	99 500
区域销售经理	109 000
公司财务主管	126 000

（续上表）

职业	中位年薪
市场销售分析师	47 500
保险员	63 700

历史学专业名声挺好，懂古知今，做学问的人很多。但在美国这种社会环境下，钻到“象牙塔”里，两耳不闻窗外事，恐怕不宜生存。所以学历史的人就得什么工作都能干。看看下面美国大学历史学专业学生毕业后所从事的职业，就可以明白历史学专业绝对可以称做是一个万金油的专业。

历史学专业从事不同职业收入一览表 （单位：美元）

职业	中位年薪
高中教师	49 400
行政助理	34 800
律师助理	46 900
中学教师	47 400
客户服务代表	34 600
零售店经理	52 500
零售店经理助理	40 200
仓库管理员	45 000
非营利组织执行主任	64 100
总裁助理	49 400
业务经理	71 400
小学教师	45 200
情报分析师	81 200
销售经理	81 900
银行出纳员	23 400
信息技术商业分析师	80 500
办公室经理	44 300
非营利组织项目经理	46 500

在大学选修犯罪司法学的学生，毕业后除了在司法领域工作外，也可以在管理、销售等行业发展，不过这一专业的大部分毕业生会从事与法律、执法或犯罪学相关的职业。

犯罪司法学专业从事不同职业收入一览表　（单位：美元）

职业	中位年薪
警察	61 500
监狱、管教所工作者	47 400
律师助理	46 900
经理助理	34 800
警局、监狱主管人员	74 000
安保经理	66 800
安保员	32 100
刑事调查员	63 400
欺诈调查员	56 300
保镖主管	77 400
办公室经理	41 500
社会服务项目经理	33 700
业务经理	79 900
侦探	67 200
联邦调查员	105 000
零售店经理	52 500
客户服务代表	34 600
情报分析员	81 200
社会工作者	39 000

在大学选择专业时，人们会面临一个现实问题，即以个人的喜好选择专业还是从教育投资回报率的角度或是以未来收入状况为依据去选择专业。当然，对于这样的问题，只能是因人而异，因为每一个人都可能给出不同的答案。美国教育部的有关统计数据显示，大部分学生选择专业主要是依据自己的爱好。67%的被调查者称他们选择大学专业主要是他们喜欢

那样的工作而且感到自己能够胜任，只有6%的受访者是从专业未来能够有高收入的角度去选择大学专业的。

但不可忽视的一个现象是，未来职业生涯收入状况会对人们选择大学专业产生很大的影响。例如，医学专业是美国大学最热门的专业之一，而医学专业毕业生的薪水以及未来的高收入在大学各专业中都是名列前茅的。不少学生即使进不了医学院，也会选择与医疗相关的专业。这种现象说明，大学生在选择专业时实际上已把未来获取高收入作为一个重要的考量因素。

在经济危机中，大学教育是否还是如此重要？大学毕业生失业率的升高，是否意味着投资大学教育并不是一个最佳选择？虽然人们有这样那样的疑问，但经济的发展一再证明，接受教育尤其是高等教育是提高经济地位的重要保证。汉德森就业指数报告显示，四分之一的就业人员认为，接受高等教育是增加就业机会的最好方式，尤其是美国的高技术行业、医疗行业、会计行业对从业人员的最低要求是拥有学士学位。

美国大学生最青睐的专业

不论人们选择大学专业的理由是什么，美国高校每年各学科和专业的实际毕业生数量和比例可以反映出社会对人才的需求状况以及大学中热门专业的走向。在美国2006—2007学年毕业的大学生中，商学院的毕业生所占比例最大，其次为社会科学专业，排在第三位的是教育专业，第四位是医疗科学专业。

以下是美国大学2006—2007学年部分学科和专业毕业生的具体数字：在大学本科方面，商学院毕业生有327 531人，社会科学毕业生有164 183人，教育学毕业生有105 641人，医疗科学毕业生为101 810人。美国大学毕业生人数较多的专业还有：心理学90 039人、表演艺术85 186人、生物医学75 151人、新闻学74 783人、工程学67 092人。

而硕士学位毕业生中，排在首位的是教育专业，有17.7万人，第二位是商学专业，有15万人。博士毕业生中，排在首位的是医疗相关专业，有8 400人，第二位是教育专业，有8 300人，第三位是工程专业，有8 100人，第四位是生物学和生物医学专业，有6 400人，第五位是心理学专业，有5 200人，第六位是物理学专业，有4 800人。

美国大学生在选择专业上也出现了一些新的趋势，在2001—2002学年，获得工程和工程技术专业学士学位的人数比1996—1997学年下降了1%，但在2001—2002、2006—2007学年却上升了10%。

在与医疗保健有关的专业中，2001—2002学年获得大学学士学位的学生人数比1996—1997学年下降了17%，但在2006—2007学年却上升了40%。与此相类似，获得生物科学学士学位的学生人数，2001—2002学年比1996—1997学年下降了7%，而在2006—2007学年却上升了26%。

自然科学专业获得大学学士学位的人数，2001—2002学年比1996—1997学年下降了9%，而在2006—2007学年则上升了16%。

2006—2007学年，获得大学学位人数上升幅度较大的专业学科为：安保服务专业上升了54%，休闲娱乐专业上升了45%，运输专业上升了41%。

美国大学部分专业本科毕业生行业就业状况

专业	1970—1971年	1980—1981年	1990—1991年	2000—2001年	2006—2007年
总计	83万	93万	109万	124万	152万
农业、资源	12 672	21 886	13 124	23 370	23 133
建筑学	5 570	9 455	9 781	8 480	9 717
种族、文化	2 579	2 887	4 776	6 160	8 194
生物医学	35 683	43 003	39 377	59 865	75 151
商业	115 396	200 521	249 165	263 515	327 531
新闻学	10 324	29 428	51 650	58 013	74 783
通信技术	478	1 854	1 397	1 178	3 637
计算机科学	2 388	15 121	25 159	44 142	42 170
教育学	176 307	108 074	110 807	105 458	105 641
工程学	45 034	63 642	62 448	58 315	67 092
工程技术	5 148	11 713	17 303	140 660	14 980

（续上表）

专业	1970—1971 年	1980—1981 年	1990—1991 年	2000—2001 年	2006—2007 年
英语文学	63 914	31 922	51 064	50 569	55 122
家庭与消费	11 167	18 370	13 920	16 421	21 400
外国文学	20 988	11 638	13 937	16 128	20 275
医疗健康	25 223	63 665	59 875	75 933	101 810
法学	545	776	1 827	1 991	3 596
人文科学	7 481	21 643	30 526	37 962	44 255
图书馆学	1 013	375	90	52	82
数学统计	24 801	11 078	14 393	11 171	14 954
多学科研究	6 346	13 061	17 879	27 189	33 792
娱乐休闲	1 621	5 729	4 315	17 948	27 430
哲学宗教	8 149	6 776	7 423	8 717	11 969
自然科学	21 410	23 936	16 334	17 919	21 073
心理学	38 187	41 068	58 655	73 645	90 039
公共服务	5 466	16 707	14 350	19 447	23 147
安保	2 045	13 707	16 806	25 211	39 206
社会科学	155 324	100 513	125 107	128 036	164 183
运输	0	263	2 622	3 748	5 657
表演艺术	30 394	40 479	42 186	61 148	85 186

美国大学什么专业最有“钱途”

大卫和马克都是从美国的名校加州大学伯克利分校毕业的，两个人也都是在 4 年内完成学业，然后开始走上社会。他们都有一位好爸爸，上大学的教育经费都是他们的父亲准备的，4 年共花费 8 万美元，离开校门时一分钱也不欠。两个人唯一的不同是专业不同，大卫是商学院毕业，主修会计学、副修统计学；马克对记者职业有兴趣，主修英文、副修哲学。

毕业后大卫和马克在同一个城市工作，大卫在美国一家著名的律师会计事务所任职，马克也在当地一家平面媒体当记者。两个年轻人都为自己能从事喜爱的工作而高兴，虽然大卫刚工作时薪水就有 6 万多美元，而马克的薪水却只有 3 万多美元。不过两人都很年轻，钱对他们来说似乎不是最重要的事。

一转眼 10 年过去了，大卫和马克都买了房子，也都各自成家立业，做了父亲。然而两个人的生活状况却出现了较大的反差，大卫和妻子生了两个孩子，他们的收入每年有 20 多万美元。而马克和太太接连生下两对双胞胎，马克的太太只好在家里当全职妈妈，全家六口人只能依靠马克每年 5 万多美元的收入来度日。

人到中年的想法就会和年轻时不一样，有了孩子就会考虑孩子未来的教育和前途。大卫和太太从孩子出生起，就专门为他们开设了教育基金账户，这样孩子到了 18 岁上大学时，就不必为学费而烦恼。而马克一家不仅孩子多，而且马克的收入也只够全家人的日常开销。一个孩子读完四年大学平均最少要 5 万美元，最高要 20 万美元，这再乘以四，真是要了老爸老妈的命。看起来只有希望孩子能够出类拔萃、申请到大学的全额奖学金，才能让马克夫妻安心。

以上的故事仅仅是两个年轻人大学毕业 10 年后在生活中出现的反差，如果从职业生涯 40 年的发展来看，这种经济上的差异可能会更大。为什么同样是美国名牌大学毕业，但在职业生涯中个人的收入会出现如此大的差距呢？而且这种收入上的差距在职业生涯中不仅不会缩小，反而会越拉越大。这种现象就如同投资股票一样，同样投入 1 万美元，有的股票会让你赚到 5 000 美元，有的股票只能让你赚 500 美元。所以，一个人在大学所学的专业不同，在职业生涯中的收入也会不同。

大学毕业生职业生涯中期中位年薪可达 10 万美元以上的本科专业共有 5 个，其中 4 个是工程学专业，1 个是经济学专业。因航太工业是美国过去几十年重点发展的行业，因此，航太工程师成为炙手可热的人才，其收入丰厚也不在话下。而计算机科学发展带来的信息革命，促使更多的优秀人才投入计算机行业，计算机工程师也成为高收入群体中的一员。经济学专业毕业生能跻身职业生涯中期中位年薪在 10 万美元之列，表明美国经济发展中经济学专业人才的重要性，虽然经济学专业毕业生大多从事理论研究和经济政策分析工作，但对经济发展规律的深层次掌握使这一专业的毕业生在社会上有着不可忽视的影响。

职业生涯中期中位年薪在 10 万美元以上的大学本科专业（单位：美元）

大学专业	大学毕业生中位起薪	职业生涯中期中位年薪
航太工程	59 600	109 000
化学工程	65 700	107 000
计算机工程	61 700	105 000
电机工程	60 200	102 000
经济学	50 200	101 000

大学毕业生职业生涯中期中位年薪在 9 ~ 10 万美元之间的本科专业共有 11 个，其中 10 个是理工科专业，1 个是统计学专业。在这些专业中，工程学专业在高收入职业中仍有很强的竞争力，机械工程、工业工程、环境工程和土木工程加上上面所谈到的职业生涯中期中位年薪在 10 万美元以上的 4 个工程专业，可以看出，在 16 个职业生涯中位年薪 9 万美元以上的专业中，工程专业就占了 8 个，比例不可谓不高。同时，物理学、生物化学和数学这三类最常见的理科专业毕业生职业生涯中期中位年薪也都超过 9 万美元，这表明科学研究和高级技术人才在美国经济发展中发挥着重要的作用。统计学专业毕业生在文科和商科各专业中能脱颖而出，则反映出美国对统计人才的重视，也说明统计学对量化美国经济，观察美国经济和社会走向的重要性。

职业生涯中期中位年薪为 9 ~ 10 万美元的大学本科专业（单位：美元）

大学专业	大学毕业生中位起薪	职业生涯中期中位年薪
物理学	51 100	98 800
机械工程	58 900	98 300
计算机科学	56 400	97 400
信息技术	49 400	97 200

（续上表）

大学专业	大学毕业生中位起薪	职业生涯中期中位年薪
工业工程	57 100	95 000
环境工程	53 400	94 500
统计学	48 600	94 500
生物化学	41 700	94 200
数学	47 000	93 600
土木工程	55 100	93 000
地质学	45 100	90 100

虽然大学毕业生的职业生涯中期收入为8～9万美元与上述所谈到的专业毕业生在收入上有一定差距，但在美国的现实生活中，这个收入水平属于中上水平。在这个收入段的8个大学专业中，商学院相关专业明显占据了优势。像管理、金融、营销等专业不仅是商学院的热门专业，而且在就业市场上也具有很强的竞争力。所谓教育要面向市场，指的就是教育要培养社会政治、经济发展最需要的各类人才。美国是一个典型的商业社会，商业人才需求量大，而且社会对这类人才的经济回报也很优厚。

职业生涯中期中位年薪为8～9万美元的大学本科专业（单位：美元）

大学专业	大学毕业生中位起薪	职业生涯中期中位年薪
会计	46 500	89 900
施工管理	53 400	89 600
金融	48 500	89 400
信息系统管理	51 900	87 200
计算机信息系统	50 900	86 700
化学	42 900	82 300
营销学	41 500	81 500
国际关系	41 400	80 500

美国大学本科毕业生职业生涯中期中位年薪为 7 ~8 万美元的专业有 16 个，这些专业的分布面较广，从理工科到人文科学，从商科到环境科学、艺术学科都有涉及。这不仅表明大学毕业生中等收入群体来自各个领域，而且也反映出职业分工的多样化。虽然这个收入段的专业面比较广，但如果仔细观察还是可以发现其中的一些规律：大部分专业实际上是实用性较强的专业，纯理论研究的专业比例很低。即使是像政治学这样理论色彩很浓的专业，其毕业生大多也是充当政治顾问等，而较少从事纯政治学理论的研究工作。

职业生涯中期中位年薪为 7 ~8 万美元的大学本科专业 （单位：美元）

大学专业	大学毕业生中位起薪	职业生涯中期中位年薪
工业技术	49 500	79 600
环境科学	43 300	78 700
建筑学	42 900	78 300
国际商务	41 900	77 800
政治学	41 300	77 300
城市规划	43 300	77 000
哲学	40 000	76 700
动物学	37 000	74 400
职业治疗	61 300	73 400
微生物学	39 800	73 200
工商管理	42 900	73 000
广告学	36 900	71 800
生物学	39 500	71 800
电影制作	38 200	71 800
园林艺术	43 100	70 800
历史学	38 800	70 000

美国大学哪些本科专业“钱途”黯淡

人们常说金钱未必能买来快乐和幸福，所以对于那些收入不高的大学毕业生而言，这是一句最好的安慰话。但不论在任何时候，我们都不要低估教育的价值。在美国，教育是决定一个人未来经济地位和收入状况的基本条件。美国人口普查局的数据显示，大学毕业生的年收入要比高中毕业生的年收入平均高 20 000 美元，而高中毕业生的失业率是大学毕业生失业率的一倍以上。

当然，同样是大学毕业生，不同专业的毕业生在起薪和职业生涯中的收入也会有很大的差距，这也就产生了热门专业和普通专业在就业市场上找工作的难易不同以及收入的不同。诚然，人们找工作不仅仅是看赚钱的多少，还有个人的兴趣以及个人的奋斗目标等因素，不过有些专业的毕业生由于所从事的职业属于中低收入职业，其收入受行业发展的限制而无法提高。

下面我们先看一下 2010 年美国大学一些“钱途”黯淡专业的情况。装修设计毕业生的年薪为 35 700 美元，职业生涯中期的中位年薪为 59 900 美元；图案设计毕业生的年薪为 36 000 美元，职业生涯中期的中位年薪为 59 400 美元；食品营养学毕业生的年薪为 41 700 美元，职业生涯中期的中位年薪为 58 200 美元；社会学毕业生的年薪为 36 500 美元，职业生涯中期的中位年薪为 57 900 美元；宗教研究毕业生的年薪为 35 300 美元，职业生涯中期的中位年薪为 57 500 美元。

接下来我们看一下美国 2010 年大学毕业生职业生涯收入最低的 10 个专业的分布情况：戏剧专业毕业生的起薪为 35 600 美元，职业生涯中期的中位年薪为 56 600。虽然戏剧专业毕业生中有些人进入影视界后成为大明星，身价几千万甚至上亿，但这只是一小部分人，大多数学戏剧的人终身只能过小康生活，而且还有不少人为了生活而苦苦挣扎。所以美国人说，如果你想赚钱就别学戏剧专业，否则到头来上演的是悲剧的人生。

美术专业毕业生的年薪为 35 800 美元，职业生涯中期的中位年薪为56 300美元。在美国，艺术家的生活也不容易，当然，名画家可以腰缠万贯，但又有多少人能成为名画家呢？美国人有句俏皮话用于形容从事美术艺术的人——他们可将一个二手店买来的破家具变成一件看起来价值百万的名贵家具。

旅游专业毕业生的起薪为 37 000 美元，职业生涯中期的中位年薪为54 300美元。做导游有小费，所以工资低一些还能“堤内损失堤外补”，但经常跑东跑西，正常的家庭生活就会受到很大影响。

教育专业毕业生的起薪为 36 200 美元，职业生涯中期的中位年薪为54 100美元。教育专业毕业生大多数在中小学从事教育工作，美国中小学教师的工资不算很高，但比较有保障，而且在经济危机中，教师的失业率最低。随着接受教育人口的增多，中小学教师职业的市场需求量也逐年增大。

园艺专业毕业生的起薪为 37 200 美元，职业生涯中期的中位年薪为53 400美元。美元是绿色的，而园艺专业毕业生所从事的工作也是面对绿意盎然的花草树木，所以美国人说，园艺专业毕业生的这种“绿色才能”很令人羡慕，但却赚不回大把的绿色钞票。

西班牙语专业毕业生的起薪为 35 600 美元，职业生涯中期的中位年薪为 52 600 美元。美国人有句谚语：一个人学会了一种新语言，他就拥有一个新的灵魂。西班牙语是美国民众最常使用的第二大语种，但教授西班牙语的教师收入并不高，属于中低水平。

音乐专业毕业生的起薪为 34 000 美元，职业生涯中期的中位年薪为52 000美元。不可能每个人都是音乐天才，所以在美国吃音乐饭的人比例就不是那么高，同时音乐专业毕业生的收入也不高。在美国从事音乐这一职业的是真正喜欢或热衷音乐的人，否则吃这行饭还真不容易。

神学专业毕业生的起薪为 48 000 美元，职业生涯中期的中位年薪为51 500美元。学神学的人大部分毕业后会做牧师，也就是给人布道，事不多但还挺忙，且收入也不高。

初等教育专业毕业生的起薪为 33 000 美元，职业生涯中期的中位年薪为 42 400 美元。初等教育专业毕业生的收入比教育专业毕业生的收入还要低，看起来即使在美国也要号召为中小学教师涨工资了。

社会工作专业毕业生的起薪为 33 400 美元，职业生涯中期的中位年薪为41 600美元。虽然社会工作者是社会不可或缺的一种职业，但其收入并不高，所以从事这一职业就要有很强的社会责任感，如果要向钱看，出路不大。

就业市场青睐哪类大学生

美国的就业指导专家认为，在就业市场上，MBA和获得博士学位人员、电子工程师、会计师、计算机工程师和机械工程师最受青睐。

这是否意味着大学学士学位在就业市场就缺少价值或没有竞争力了呢？实际情况并不尽然，一些职业通常会要求硕士或更高的学位，如医生、律师、大学教授等，而还有一些职业并不要求硕士或硕士以上学位。

美国劳工部的统计数据显示，在工作机会增长最快的十种职业中，一半的职业需要高级的计算机技能，而前三名的职业都在医疗行业，受雇者需要有硕士学位。在网络系统、数据分析工作中，从业人员至少要获得学士学位（雇主一般会要求更高的学位）。

在美国工作机会增长最快的十种职业中，有九种在计算机行业和医疗保健行业。而商业和金融领域工作机会的增长比美国全部行业工作机会的平均增长还要高，这说明MBA学位在就业市场上仍将大有用武之地。

据美国劳工部预测，未来5年，就业市场会提供5 500万个工作岗位，其中1 390万个工作岗位会由具有大学毕业文凭的人来填充。商业、计算机、工程、教育、咨询服务、医疗保健等行业将会大量吸收刚毕业的大学生。

2009年是美国经济陷入困境的一年，大学毕业生的就业也遭遇了寒冬。那么对于2009年的美国大学毕业生来说，哪些专业最容易找到工作呢？

根据美国大学和雇主协会发布的调查显示，教师、管理实习生、金融及财政分析师、咨询顾问和销售代表是2009年大学毕业生就业情况最好的五种职业。就业专家指出，这五种职业在过去5年对大学毕业生的吸收一直都是稳步增长，基本上没有受到经济衰退的影响。

2009 年美国大学毕业生最容易找到工作的职业，排在第一位的是教师职业。教师虽然年薪不算高，但工作比较稳定，而且就业机会多，所以不少大学毕业生还是选择了中小学教师这一职业。2009 年美国教师职业的年薪起薪为 35 496 美元。

公司的管理人员也是 2009 年就业机会最多的职业之一，他们的平均起薪为 41 353 美元。财务分析师的就业前景也一直不错，大学毕业生的起薪为 52 043 美元。其他就业机会较好的职业包括：咨询顾问，起薪为 56 472 美元；销售员，起薪为 41 577 美元；会计师，起薪为 44 607 美元；计算机软件设计师，起薪为 63 798 美元；注册护士，起薪为 45 229 美元；项目工程师，起薪为 58 570 美元。如果仔细看一下这些就业机会多的职业，我们就可以了解为什么雇主会更关注大学毕业生的软实力，而不仅仅是看一个大学生毕业于什么学校。

“钱景”光明的八大本科黄金专业

在美国，不论是公立大学还是私立大学的学费都连年上涨，这让不少学生和家长吃不消，教育投资以及投资回报率成为 2010 年美国高等教育最受关注的事情。虽然在美国接受高等教育的人并不是每一个人都能进入高薪行业，也有很多人毕业后所从事的职业与大学所学专业不对口，然而美国大学一些专业的毕业生，尤其是数学和科学专业的毕业生还是“钱景”光明的，他们被称为最容易进入年薪 10 万美元高收入行列的骄子，而这些专业也被人们形容为黄金专业。

下面所列的美国八大本科专业，一般而言，毕业生在走出校门 15 年后其年薪都会超过 10 万美元。15 年的人生之路不算短，也不算长，而且在高薪的基础上工作 20 年、30 年后，薪水自然也会随之增多。这些能够有高薪“钱途”的职业虽然只要求大学本科学历即可，并不需要获得研究生学历，但在职业生涯中，从业人员还是需要获得额外的专业证书或专业执照。以下是2010年被美国职业研究机构列出的八大大学本科黄金专业。

第一，石油工程。工程专业可以说是哪行哪业都需要，石油工程师相比其他类的工程师而言，工作环境要恶劣很多，而且要东奔西走。正因为如此，再加上石油行业是一个高利润行业，石油工程师的收入在各类工程师中是最高的。目前美国石油工程师的中位年薪为168 000美元。

第二，电机工程。如果说还有一个工程专业是属于万金油式的，那就非电机工程莫属了。电机工程师设计和测试各种设备，从医疗设备、航空设备到民用电子设备，可谓无所不包，连最流行的iPod产品也离不开电机工程师的参与。高级电子设计工程师的中位年薪为105 000美元。

第三，应用数学。数学在美国的各个领域的应用极其广泛，有数学才华的人绝对可以大展身手。应用数学专业的毕业生在职业上有多种选择，但如果在中学教授数学，年薪挣到10万美元以上的几率不高，在大学当教授才会有这种可能。在保险行业从事精算师是最有机会获得高薪的职业，所以学数学的人在商业领域反而大有“钱途”，如在金融、技术、制造行业担任商业分析师，年薪10万美元以上一点都不难，收入最高人群的平均年薪为106 820美元。

第四，生物医学工程。随着科学的进步和人类在研究上对人类生命的更深入了解，生物医学领域的发展可谓日新月异，对人才的需求也日益增多。生物医学工程师在医疗领域从事的职业很多，美国主任级生物医学工程师的中位年薪为160 000美元。

第五，计算机工程。根据美国劳工部的预测，在未来10年，计算机软件工程师是增长最快的一个职业。有计算机工程背景的人，特别是有计算机软件工程学位的毕业生，千万别以为只能在计算机行业发展，从金融、医疗、出版业到政府机构都需要大量的计算机工程专业人才。美国主任级信息技术工程师的中位年薪为114 000美元。

第六，物理学。读物理学的人即使拿到博士学位或从事物理学的研究，年薪10万美元也未必是一个人人都能够达到的目标。但物理学本科专业的毕业生如果进入软件开发、系统工程或电机工程领域，那“钱途”就不一样了，这就等于把人推入10万美元高薪的轨道。物理学专业学生所具有的了解系统的科学头脑对于许多雇主而言是非常有价值的，因为我们生活在一个机械无所不在的社会，从计算机、彩色复印机到汽车，都离不开物理学的逻辑思维。美国软件建筑师的中位年薪为12万美元。

第七，航太工程。设计飞机或航天飞机是否会吸引你？如果是，那你最好选择航太工程作为你的专业。学这个专业眼睛不仅要盯着天上，而且还要看着地球。因为许多项目是由世界各国共同合作完成的，如果你会第二种外语，那么对你的职业生涯会更有帮助。美国航空、太空项目经理的中位年薪为 113 000 美元。

第八，化学工程。化学家在试管中可以发现新的物质，这是一件多么美妙的事。然而化学工程师的责任却不仅仅是发现物质，而是要使这些新发现的物质变成对人类生活有价值的物质，并且能够有市场价值。化学工程师在职业上有着很好的发展前途，美国高级化学工程师的中位年薪为 114 000 美元。

随大流的本科专业有时也会很吃香

有的大学生在学校攻读热门专业，有的则选择了一些八面玲珑的专业，这些专业往往是通识教育，到社会上干什么都行。所以有些专业虽然是随大流，但如果找对了行业，也会有不错的收入。

第一，环境工程师。在美国工作，如果有个环境工程的学士学位，那应当说是比较幸运的。根据美国劳工部的统计，环境工程师是本科毕业生起薪最高的职业之一。环境工程本科毕业生的中位起薪为 68 628 美元。

第二，销售调研分析师。美国的任何一个行业、任何一个企业都离不开市场调研，如果是商学院本科的行销学或统计学专业的毕业生，就可以直接进入公司的市场行销调研分析师的行列，而不需要从电话推销员做起。销售调研分析师的中位起薪为 58 423 美元。

第三，广告撰稿人。英语专业的毕业生拿高薪的人数比例不高。做记者没什么“钱途”，但做广告撰稿人可就不同了，因为写广告能为老板赚大钱，所以广告撰稿人的身价就不一样了。广告撰稿人的中位年薪为 53 288美元。

第四，销售助理。当销售助理的好处是，不管你大学学的是什么专业，只要你喜欢这个工作而且与人交往的能力强就可以胜任。市场销售经验很重要，时间越长经验越多，收入也会越高。销售助理的中位年薪为45 656美元。

第五，说客。这个职业在现代中国不常见，但在春秋战国时期可是一个热门的职业。说客听起来名声不太好，但经济上有实惠。美国有专门的说客公司，除了替公司和利益集团游说外，还打理外国对美国国会的游说事项。在美国，说客的中位年薪为66 929 美元。

第六，公共关系助理。公共关系是美国特有的名词，它既不是宣传部门，也不是公关部门，而是替公司或政府部门提高形象，进行危机处理的部门。在这种部门任职的人，知识面要广，而且还要有三寸不烂之舌。公共关系助理的中位年薪为42 810 美元。

第七，金融分析师。说到金融那一定会联想到华尔街，华尔街是多少大学生毕业后梦寐以求要去的地方。虽然自金融危机以来，华尔街受到重创，但现在又恢复过来了，成为大学金融专业毕业生最想拼搏的地方。金融专业的毕业生中位起薪为60 952 美元。

“钱途”光明的十大硕士专业

美国经济不好，更多的年轻人开始避开竞争激烈的就业市场，而选择攻读硕士学位以增强其在就业市场上的竞争力。同样是花时间、金钱，硕士毕业后在就业市场上也是几家欢乐几家愁，有的专业就业前景好、收入高，有的专业就业前景不理想，而且收入也不丰厚。根据美国劳工部的就业市场需求预测及专业的薪水网站资料，在美国大学各类硕士专业中有十类专业可谓是前景、“钱途”光明。以下是这十大专业的就业前景和收入的基本情况。

第一，医师助理研究专业。医师助理研究是一个新兴学科，介于普通医学教育和博士医学教育中间的一个医学专业。美国首创医师助理学硕士学位的杜克大学的毕业生，毕业后的起薪要比拥有其他硕士学位的毕业生年薪高出一大截。攻读医学助理研究硕士专业有一个很大的好处，那就是它不像其他高薪硕士学位有大学本科专业的限制，即使是工程、物理专业本科毕业生也可以申请就读，入学后补修几门科学课程即可。

医师助理研究专业的毕业生走出校门后，大部分在医疗机构工作，这一专业的毕业生所从事的职业包括麻醉护士、临床护理专家和护理主任等。医师助理一般是在医师的指导下为病人看病、下药并进行一些简单的外伤处理。在医师不在的情况下，医师助理也会从事一些诊治工作。2009年，美国雇用的医师助理有76 900人，他们的平均年薪为84 830美元。在未来几年，美国就业市场对医师助理的需求量会增加39%，而此行业的新陈代谢还需增添57%的新鲜血液。

美国雇用医师助理最多的部门是医师诊所，共雇用医师助理42 440人，雇员的平均年薪为84 720美元。在就业服务机构工作的医师助理收入最高，雇员的平均年薪为104 780美元。在美国各州，内华达州医师助理的平均年薪最高，为103 500美元。

第二，计算机科学专业。计算机科学专业多年来一直是美国大学的热门专业，不论是攻读学士还是硕士、博士学位，前途都很不错。2009年，美国与计算机相关的行业共有雇员3 303 690人，在未来几年，美国就业市场对计算机科学专业人才的需求量会增加27%，而此行业的工作成长和新陈代谢总共需要增加39%的人才。计算机科学专业毕业生所从事的职业包括数据库主管、软件设计师和资讯科技顾问等。计算机科学行业雇员职业生涯中期的中位年薪为97 400美元。

2009年，美国计算机科学行业雇员的平均年薪为76 290美元。计算机科学行业雇员收入最低人群的平均年薪为38 590美元，而收入最高人群的平均年薪为119 660美元。

第三，土木工程专业。2009年，美国从事土木工程这一职业的人数共有259 320人，在未来几年，美国就业市场对土木工程人才的需求量会增加27%，而此行业的工作成长和新陈代谢总共需要增加41%的人才。土木工程专业毕业生所从事的职业包括项目工程师、资深土木工程师和结构工程师等。从事土木工程职业人员职业生涯中期的中位年薪为93 000美元。

2009年，美国雇用土木工程师最多的部门是建筑、工程以及相关服务行业，共雇用土木工程师135 560人，雇员的平均年薪为82 040美元。在石油和天然气提取公司工作的土木工程师收入最高，雇员的平均年薪为107 430 美元。在美国的大都会地区，哥伦比亚地区土木工程师的平均年薪最高，为 93 790 美元。

第四，数学专业。2008 年，美国的数学家共有 2 900 人，在未来几年，美国就业市场对数学专业相关人才的需求量会增加 22%，而与数学专业相关的工作成长和新陈代谢总共需要增加 51% 的人才。数学专业毕业生所从事的职业包括精算师、统计师和高中教师等。与数学专业相关的从业人员的职业生涯中期中位年薪为 93 600 美元。

2009 年，美国数学家的中位年薪为 65 150 美元，其中在联邦政府工作的数学家平均年薪为 107 051 美元。

2009 年，美国的精算师共有 14 550 人，他们的平均年薪为 87 040 美元。其中在管理和技术咨询服务公司工作的精算师收入最高，雇员的平均年薪为 114 050 美元。在美国的大都会地区，得州达拉斯地区精算师的平均年薪最高，为 155 040 美元。

2009 年，美国统计师共有 21 370 人，他们的平均年薪为 75 220 美元。其中在医疗设备制造公司工作的统计师收入最高，雇员的平均年薪为96 140美元。在美国的大都会地区，马里兰州百色达地区统计师平均年薪最高，为 106 550 美元。

第五，物理学专业。2009 年，美国的物理学家共有 13 630 人，在未来几年，美国就业市场对物理学家的需求量会增加 16%，而与物理学专业相关的工作成长和新陈代谢总共需要增加 44% 的人才。物理学专业毕业生所从事的职业包括物理学家、医学物理学家和高级系统工程师等。物理学家职业生涯中期中位年薪为 110 000 美元。

2009 年，美国物理学家的平均年薪为 111 250 美元，其中在医师诊所工作的物理学家收入最高，为 148 960 美元。

第六，信息技术专业。根据预测，未来几年美国就业市场对信息技术专业人才的需求量会增加 29%，而与信息技术相关的工作成长和新陈代谢总共需要增加 39% 的人才。信息技术专业毕业生所从事的职业包括信息技术项目经理、信息技术专家和软件开发师等。信息技术专业人才的职业生涯中期中位年薪为 97 200 美元。

2009 年，美国共有计算机软件和系统软件工程师 385 200 人，他们的平均年薪为 96 620 美元。其中在计算机设备制造公司工作的软件工程师收入最高，为 112 020 美元。

第七，人力资源管理专业。根据预测，未来几年美国就业市场对人力资源管理人才的需求量会增加22%，而与人力资源管理相关的工作成长和新陈代谢总共需要增加47%的人才。人力资源管理专业毕业生所从事的职业包括人力资源顾问、人力资源经理等。人力资源管理人才的职业生涯中期中位年薪为81 900美元。

2008年，美国从事人力资源培训、管理和招聘职业的人数有904 900人，其中人力资源经理133 900人。他们的中位年薪为86 500美元。

在计算机系统设计和相关服务行业工作的人力资源经理中位年薪为97 630美元，在保险公司工作的人力资源经理中位年薪为94 340美元，在公司和企业管理行业工作的人力资源经理中位年薪为94 230美元，在医院工作的人力资源经理中位年薪为86 060美元。

第八，经济学专业。根据预测，未来几年美国就业市场对经济学人才的需求量会增加19%，而与经济学相关的工作成长和新陈代谢总共需要增加38%的人才。经济学专业毕业生所从事的职业包括经济学家、财务分析师和商业分析师等。经济学人才的职业生涯中期中位年薪为101 000美元。

2008年，美国共有14 600名经济学家，政府雇用的经济学家占经济学家总数的53%，美国私人公司雇用的经济学家占经济学家总数的47%，他们主要分布在科学研究、管理科技咨询服务等行业。2009年，美国联邦政府雇用的经济学家的平均年薪为108 010美元。

2008年，美国共有250 600人从事财务分析工作，大部分财务分析师任职大型私人金融公司，47%的财务分析师在金融和保险行业任职，收入最高人群的中位年薪为141 070美元。

第九，地质学专业。根据预测，未来几年美国就业市场对地质学人才的需求量会增加17%，而与地质学相关的工作成长和新陈代谢总共需要增加44%的人才。地质学专业毕业生所从事的职业包括环境项目经理、水文地质学家和石油地质学家等。地质学人才的职业生涯中期中位年薪为90 100美元。

2008年，美国共有41 700人从事地质学相关工作，地质学家收入最低人群的中位年薪为41 700美元，收入最高人群的中位年薪为155 430美元。在石油、采矿业工作的地质学家收入最高，为127 560美元。

第十，工商管理专业。工商管理硕士学位简称为MBA，是美国培养高级管理人才最主要的教育学位。根据预测，未来几年美国就业市场对工商管理高级人才的需求量会增加17%，而与工商管理相关的工作成长和新陈代谢总共需要增加 35% 的人才。工商管理专业毕业生所从事的职业包括商业发展经理、管理顾问和高级财务分析师等。工商管理人才的职业生涯中期中位年薪为 109 000 美元。

获得工商管理硕士学位的人，大多在管理阶层任职，美国各行各业都需要管理人才，而不同行业的薪资待遇也会有很大不同。在私人公司工作的工商管理硕士中位年薪为 85 034 美元；在医院工作的工商管理硕士中位年薪为 78 436 美元；在非营利组织工作的工商管理硕士中位年薪为 64 315 美元；在联邦政府工作的工商管理硕士中位年薪为 80 611 美元；在州和地方政府工作的工商管理硕士中位年薪为 65 865 美元；在中小学和学区工作的工商管理硕士中位年薪为 50 537 美元。

职业生涯收入平平的十大硕士专业

虽然美国大学设立的硕士专业很多，但有一些专业就业前景不是特别好，这是由于这些专业的回报率低，“钱途”也远不如热门专业那么好。社会需要各种人才，有些专业的毕业生在所从事职业上虽然收入不高，但只要一个人喜欢，也还是值得去从事该职业的。下面是美国在职业生涯中期收入平平的十大硕士专业。

第一，言语病理学专业。根据预测，未来几年美国就业市场对言语病理学人才的需求量会增加 18%，而与言语病理学相关的工作成长和新陈代谢总共需要增加 37% 的人才。言语病理学专业毕业生所从事的职业包括言语病理学者、言语病理指导师和康复服务经理等。言语病理学人才的职业生涯中期中位年薪为 72 100 美元。

2009 年，美国共有 111 640 人从事言语病理学的工作，他们的平均年薪为 68 350 美元。其中在医学实验室工作的言语病理学者收入最高，他们的平均年薪为 130 640 美元。言语病理学专业毕业生的收入其实不太差，但在医学领域，也只能算是收入不太高。

第二，会计学专业。根据预测，未来几年美国就业市场对会计人才的需求量会增加14%，而与会计学相关的工作成长和新陈代谢总共需要增加28%的人才。会计学专业毕业生所从事的职业包括会计师、会计部门经理和财务管理师等。会计学人才的职业生涯中期中位年薪为89 900美元。

在美国，本科的会计学是一个很热门的专业，而会计学硕士学位却不是特别热门。原因有两个：一是本科毕业即可胜任会计师工作；二是从事管理的人才大多是获得工商管理硕士学位，而不是会计学硕士学位。

2008年，美国共有会计师和审计师1 290 600人，他们中绝大多数人是大学会计学本科毕业生，其中位年薪为52 030美元。会计师收入最低人群的中位年薪为36 720美元，收入最高人群的中位年薪为102 380美元。在会计师事务所工作的会计师收入最高，他们的中位年薪为61 480美元。

第三，社会工作学专业。根据预测，未来几年美国就业市场对社会工作人才的需求量会增加16%，而与社会工作学相关的工作成长和新陈代谢总共需要增加41%的人才。社会工作学专业毕业生所从事的职业包括社会工作者、精神健康治疗经理和社会服务管理者等。社会工作学人才的职业生涯中期中位年薪为41 600美元。

2009年，美国共有73 250人从事社会工作者的职业，他们的平均年薪为50 470美元。在地方政府工作的社会工作者人数最多，为18 240，他们的平均年薪为56 190美元。在联邦政府工作的社会工作者收入最高，为67 830美元。

第四，心理学专业。根据预测，未来几年美国就业市场对心理学人才的需求量会增加12%，而与心理学相关的工作成长和新陈代谢总共需要增加40%的人才。心理学专业毕业生所从事的职业包括行为分析师、临床心理学家和校园心理学家等。心理学人才的职业生涯中期中位年薪为61 000美元。

2008年，美国共有170 200人从事心理学的工作。心理学者收入最低人群的中位年薪为37 900美元，收入最高人群的平均年薪为106 840美元。

第五，图书馆情报学专业。根据预测，未来几年美国就业市场对图书馆情报学人才的需求量会增加16%，而与图书馆情报学相关的工作成长和新陈代谢总共需要增加41%的人才。图书馆情报学专业毕业生所从事的职业包括图书馆管理员、图书馆馆长和法律图书馆管理员等。图书馆情报学人才的职业生涯中期中位年薪为57 200美元。

2008年，美国共有159 900人从事图书馆管理的工作。图书管理员收入最低人群的中位年薪为 33 190 美元，收入最高人群的中位年薪为 81 130 美元。

第六，美术专业。根据预测，未来几年美国就业市场对美术人才的需求量会增加 12%，而与美术相关的工作成长和新陈代谢总共需要增加 39% 的人才。美术专业毕业生所从事的职业包括布景师、高级美术设计师和高中教师等。美术人才的职业生涯中期中位年薪是 56 300 美元。

2008 年，美国共有 25 700 人从事美术的职业。美术家收入最低人群的中位年薪为 20 780 美元，收入最高人群的中位年薪为 83 410 美元。

第七，咨询服务专业。根据预测，未来几年美国就业市场对咨询服务人才的需求量会增加 17%，而与咨询服务相关的工作成长和新陈代谢总共需要增加 40% 的人才。咨询服务专业毕业生所从事的职业包括诊所临床医师、精神健康顾问和高中学生行为顾问等。咨询服务人才的职业生涯中期中位年薪为 53 500 美元。

2008 年，美国共有 665 500 人从事咨询顾问的职业，主要集中在教育、康复、精神健康和家庭婚姻咨询等行业。在教育行业从事咨询服务工作人员的中位年薪为 51 050 美元；在康复行业从事咨询服务工作人员的中位年薪为 37 030 美元；在精神健康行业从事咨询服务工作人员的中位年薪为 36 810美元；在家庭婚姻咨询行业从事咨询服务工作人员的中位年薪为 44 590美元。

第八，教育学专业。根据预测，未来几年美国就业市场对教育学人才的需求量会增加 14%，而与教育学相关的工作成长和新陈代谢总共需要增加 39% 的人才。教育学专业毕业生所从事的职业包括中小学校长助理、中小学教育管理者和中小学教师等。教育学人才的职业生涯中期中位年薪为 54 100 美元。

2008 年，美国共有 445 400 人从事教育管理者的职业，其中 58 900 人在幼儿园担任管理者，230 600 人在中小学担任管理者，124 600 人在大学担任管理者。在幼儿园担任管理者收入最低人群的中位年薪为 25 910 美元，收入最高人群的中位年薪为 77 150 美元；在中小学担任管理者收入最低人群的中位年薪为 55 580 美元，收入最高人群的中位年薪为 124 250 美元。

第九，英语专业。根据预测，未来几年美国就业市场对英语人才的需求量会增加 9%，而与英语相关的工作成长和新陈代谢总共需要增加 32% 的人才。英语专业毕业生所从事的职业包括编辑、作家和高中教师等。英语人才的职业生涯中期中位年薪为66 900美元。

2008年，美国共有281 300人从事编辑、作家的职业，其中作家有151 700人，编辑有129 600人，70%的作家和12%的编辑是自由职业者。领取薪资的作家收入最低人群的中位年薪为28 020美元，收入最高作家的中位年薪为106 630美元；编辑收入最低人群的中位年薪为28 090美元，收入最高编辑的中位年薪为95 490美元。

第十，神学专业。根据预测，未来几年美国就业市场对神学人才的需求量会增加13%，而与神学相关的工作成长和新陈代谢总共需要增加32%的人才。神学专业毕业生所从事的职业包括牧师、高级牧师和教会管理者等。神学人才的职业生涯中期中位年薪为51 500美元。

大学毕业生几家欢乐几家愁

虽然美国大学以上学历的人群在经济危机中失业率明显低于高中文化水平的人群，但不可否认，美国大学毕业生在2009年面临着就业难的巨大压力。根据美国大学和雇主协会在2009年4月对850所大学的3.5万名毕业生所做的抽样调查显示，在申请工作的应届毕业生中仅有19.7%的学生找到了工作，而在2007年，这一比例是51%。此外，美国大学和雇主协会在2009年3月所做的一项调查显示，2009年全美雇主雇用大学毕业生的人数比2008年下降了22%。

经济不景气时，除了所学专业的因素外，什么样的学生比较容易找到工作呢？根据对雇主的调查发现，雇主比较喜欢有实习和工作经验的大学毕业生。美国超过四分之三的雇主表示，他们愿意雇用有一定工作经历的大学毕业生，大学生的工作经历包括实习或是在公司做兼职。

专业不同会造成美国应届大学毕业生在就业机会上的差异很大，工科的工程专业和文科的会计专业毕业生提前找到工作的比例最高，而且被雇主雇用的比例也最高。雇主对这两个专业的毕业生给予的待遇相当不错，因此，这两个专业大部分找到工作的学生都会立即与雇主签订合同。相反，人文科学的毕业生所找的工作待遇往往并不是太好，不愿接受就业机会的学生比例较高。

美国经济受到重创，大学毕业生的薪水也相应减少了。根据美国大学和雇主协会发布的调查报告显示，2009 年秋季大学本科毕业生的平均起薪（年薪）为 48 515 美元，比 2008 年的 49 224 美元下降了 1.4%。

当然，在就业市场上，大学毕业生也是几家欢乐几家愁。工程和计算机科学专业的毕业生起薪依然上涨，而大量的商科和文科毕业生起薪则普遍下降，虽然下降的比例不到 1%。下面是 2009 年美国大学部分专业毕业生的起薪情况。

2009 年美国大学部分专业毕业生起薪一览表

专业	平均起薪（年薪）（美元）	比 2008 增加的比例（%）
会计	48 377	1
管理	44 607	-3.4
金融	49 163	2.1
营销学	42 260	1.8
计算机科学	61 407	0.6
信息系统科学	52 886	1.1
化学工程	64 902	3
土木工程	52 048	0.8
机械工程	58 766	3.9
石油工程	83 121	13
电机工程	60 125	5
英语	36 604	3.2
历史	38 445	1
社会学	34 290	-3.2
心理学	34 573	1.4
政治学	40 009	3
影视表演艺术	34 114	-2.7

即使在经济不景气、工作难找的情况下，仍有不少大学毕业生不愿低就。在他们看来，宁愿没有工作也不会去刷盘子洗碗，否则接受大学教育有何用？况且不少大学毕业生是靠贷款交学费，毕业后首要任务是还贷款，因此，薪水高的职位是他们的考量的首要因素。

美国大学毕业生接受或不接受雇主给予的工作机会，除了薪水外，其他主要的考量因素有：雇主提供的医疗保险情况、工作地点是否适合或离父母家远近的情况、雇主是否会协助学生偿还学生贷款、公司的名气以及是否有弹性的上班时间等。

2010 年就业前途最好的六大专业领域

每年 6 月份是大学生毕业的季节，虽然不同专业的大学生头上戴的学士帽、身上穿的学士服几乎都一样，但在就业市场上看到的可能会是另一番景象。有的专业毕业生成为“香饽饽”，有的专业毕业生连找个蓝领工作都难。最近美国一家企业咨询公司对 100 家公司的人力资源专家进行了调查，以了解在他们这些专门挑选毕业生的专家眼里，2010 年他们最喜欢挑选什么样的大学毕业生，尤其是哪些专业的毕业生最容易在就业市场上找到工作。

如果一个人在踏入大学校门时能对未来的职业和就业市场有所了解，对自己希望攻读的专业就业情况进行研究，那么他在大学最后两年就有可能选到既有前途又有“钱途”的专业，而到毕业之时就有可能在就业市场上夺得先机。下面是美国 2010 年就业率最高的六大大学本科专业领域。

第一，卫生保健专业领域。在 2010 年，卫生保健专业被誉为抵抗就业危机最好的专业，在受访的美国人力资源专家中有超过四分之一的人认为大学卫生保健专业的毕业生最容易找到工作。在卫生保健专业中，护理学是最好找到工作的专业，其次为理疗学、药剂学、医学技术学。2010 年，护士职业的平均起薪为 47 217 美元。

第二，工商管理专业领域。工商管理专业并不是因为商业的繁荣而受到青睐，而是因为美国是一个纯粹的商业社会，对商业管理人才的需求经久不衰，因此，工商管理专业是美国大学最热门也是学生人数最多的一个专业。

在人力资源专家眼里，工商管理专业是仅次于卫生保健专业，排在第二位的好找工作的专业。2010 年工商管理专业毕业生的平均起薪为42 094 美元。

第三，计算机科学专业领域。计算机现在已成为美国经济和民众生活中不可或缺的一部分，而计算机和网络系统的发展从很多方面改变了人们的生活方式。美国的计算机以及相关行业目前仍在扩张，对计算机专业毕业生的需求也依然维持在一个可观的增速上。在计算机科学专业中，最受雇主欢迎的是在计算机科学、技术支持、信息技术和系统方面有专长的毕业生。2010 年，计算机科学专业毕业生的平均起薪为 60 426 美元，信息技术和系统专业毕业生的平均起薪为 54 038 美元。

第四，会计和金融专业领域。美国的金融风暴过去了，华尔街又恢复了过去的地位。由于美国经济私人企业占主导的特性，金融和财务就成了两个重要的杠杆。华尔街开始恢复元气，金融专业毕业生就业的行情也自然水涨船高。而会计专业毕业生在就业市场上一直很受欢迎，经济越好，会计专业毕业生的需求量就越大。2010 年，金融专业毕业生的平均起薪为 50 546 美元，会计专业毕业生的平均起薪为 48 575 美元，经济学专业毕业生的平均起薪为 52 909 美元。

第五，工程专业领域。工程专业毕业生应当名列最好找工作专业之首，因为人们生活中用的绝大多数产品都离不开工程师的设计和工厂的制造。但现在人们更关心健康，老人越来越多，所以卫生保健专业就当仁不让地独占就业市场上最好找工作专业之鳌头了。但根据美国大学与雇主协会的调查，美国大学毕业生起薪最高的 10 个专业中，有 8 个是工程专业。在工程专业中，生物工程专业的就业前景最好，土木工程、电机工程、机械工程、网络工程及管理、程序和软件工程这些专业毕业生的就业前景也不错。石油工程专业毕业生的平均起薪为 86 220 美元，计算机工程专业毕业生的平均起薪为 61 121 美元，机械工程专业毕业生的平均起薪为 58 881 美元。

第六，营销专业领域。商品社会简单地说，就两个字：买、卖。买是一方，卖是一方，学营销的就属于卖的一方，而且这卖方的人永远不会比买方的人多。物以稀为贵，大学营销专业的毕业生自然找起工作来比较顺利。2010 年，营销专业的毕业生平均起薪为 42 710 美元。

在今天的美国就业市场上，一个大学生在学校学什么专业甚至比上什么大学更重要，这就是长期以来在美国高等教育中盛行的“选大学不如选专业”的观念。符合市场需求的大学本科专业，其毕业生往往在求职上占据优势，而即使是名牌大学的毕业生，如果他们所选的专业缺少职业性，那么在就业市场上也可能成为难就业者。

就业市场对大学毕业生的专业要求越来越苛刻，这也迫使大学调整专业设置，以免培养出的大学生走出校门后找不到工作。密歇根州立大学宣布撤销美国研究专业，路易斯安纳大学也取消了该校的哲学专业。美国的大学现在更重视以职业为导向的教育，如果有的专业就业前景不好或社会需求量减少，那么大学也会毫不留情地停止相关专业的招生。相反，对于那些市场需求量大的专业，大学也会扩大招生，以满足社会的需要。

容易找到好工作的九大冷门专业

学子们在选择大学时，除了心仪的大学外，最好也关注一下市场对人才需求的状况和趋势，不能只埋头读书，而不抬头看路。就业不包分配，市场机制起巨大作用。而市场机制的特性是一旦买方处于主导时，大学毕业生的专业和个人素质就变得非常重要。对于学生而言，在上大学前，应该了解什么样的专业对自己未来的发展有帮助，而且也是自己所喜爱的。尽管经济情况时好时坏，大学毕业时就业市场情况时易时难，但有一点是肯定的，那就是选对专业在经济不景气的今天显得特别重要。

虽然热门专业如工程、会计、金融等相当吸引人，不过专家也建议，如今选择专业时不妨换一种思维。一个冷门的主修专业可以帮助学生在未来找工作时，面对着新兴、特殊、专业化的领域，站在一个更有利的位置。美国的就业指导资讯网站特别列出了能帮助大学生更加容易找到好工作的九个冷门专业。

第一，家庭和消费者学。家庭和消费者学又称为家庭经济学，这个专业会教授学生所有关于组建家庭的知识与要素，学生毕业后能够成为儿童发展、家庭关系、消费经济学、个人理财、服装设计、住房和营养学等领域的专家。相关职业包括教师、健康教育工作者、财务顾问、教育管理者等。

第二，语言学。语言学专业简言之就是学习语言，包括语言的结构、形成、历史以及人们如何使用语言等。随着全球化持续成为发展的趋势，具有语言学背景的专家在许多领域中将会受到重视。这一专业的毕业生可从事的相关职业包括人类学家、考古学家、计算机科学家、口译员、语言学家、语言病理学家、听力学家、翻译员等。

第三，娱乐管理。主修娱乐管理的学生将学会如何管理员工、制订计划、执行活动和设立预算，并按照安全规章制度管理娱乐场所。相关专业的毕业生大多在公园、度假村、营地、老人中心、主题公园等场所工作。这一专业的毕业生可从事的相关职业包括娱乐公园服务员、救生员、滑雪巡查员、各种娱乐活动的保护服务者、娱乐工作者、教练员、裁判员和公园护林员等。

第四，食品科学。食品科学专业专门研究食物里面的生物和化学成分，了解生产、运输和准备食物的方式，并学习如何让消费者获得安全的食品。这一专业的毕业生可从事的相关职业包括农业和食品科学家、食品风味化验员、饮食技术员、营养师、工业生产管理员等。

第五，包装学。大部分的包装产业都与健康和安全有关，因此，这个产业不太可能有消失的一天。目前包装学专业的教育重点在于如何使包装学更加实用和环保。这一专业的毕业生可从事的相关职业包括保鲜工程师、工业设计师、农业和食品科学家等。

第六，犯罪学。犯罪学专门研究一个人犯罪背后的心理、犯罪情况、犯罪预防以及犯罪成因等问题。犯罪学专业毕业生可从事的职业很广泛，包括临床心理学家、监狱执法者、政府律师、犯罪矫正治疗专家、心理学研究专家等。

第七，城市研究。主修城市研究专业的学生将了解社区是如何发展的，如何使一个城市更具独特性，不同地域如何对问题和事件作出反应，建筑和城市布局如何影响居民。城市研究专业毕业生可从事的职业包括城市和区域规划师、社区组织者和活动家、公共利益倡导者等。

第八，自然资源。这是另一个有关绿色环保的专业，学生将学到如何保护和保存自然资源以及如何将这些资源（包括石油、树木、水、动物和植物等）正确、适当地应用到商业中，从而将对环境的影响降到最低。自然资源专业毕业生可从事的职业包括自然保护科学家、环境教育工作者、环境科学家、林农和林业技术员、公园维护管理员、自然保护区的管理员等。

第九，老年学。随着人口的不断老化，越来越多的研究开始关注人类衰老的进程。老年学专业将会学习与人类老化相关的生物、行为和社会变化，这些专业知识有助于未来从事与老年人相关的工作。老年学专业毕业生可从事的职业包括高级护士、全科医生、医疗卫生服务管理者、医疗和公共健康工作者、心理健康辅导师、职业治疗师、物理治疗师、公共利益的律师等。

年薪6万的工作为何雇不到人

虽然美国失业率居高不下，但是不少年薪在5.5万到6万美元之间的工作却苦于找不到合适的人才，这些工作包括护理类、工程类和能源研究类工作。

整体而言，美国的就业市场仍然低迷。2009年10月，全美国有1 500万人依然失业，失业率接近10%。但与此同时，一些雇主却找不到合适的人才来填补职位空缺。

这是我们看到的美国就业市场的另一番景象，一方面失业人员找不到合适的工作，另一方面一些职业找不到合适的人才。

据经济学家的分析，出现这样的状况主要是因为市场的空缺职位和求职人员之间的不吻合。在经济危机发生前，汽车工业、建造业和金融业是最吸引人的行业，提供了数以百万计的工作岗位，很多人都努力学习这些行业的知识以期可以成为其中的一分子。经济危机发生后，这些原本热门的行业受到的打击最严重，导致企业大量裁员。这些被裁人员由于缺少目前最需要人才的行业的经历、知识以及技能而无法迅速进入新的行业，工程、护理以及能源行业积极在就业市场寻找它们所需要的人才，但传统行业被裁人员却难以适应那些行业的职业要求。

事实上，工程、护理以及能源行业在经济危机发生前就已经出现人才短缺的局面，而经济危机让这些行业的招聘人员对人才的素质更为挑剔，因为他们不愿意冒经济风险去雇用一个能力存疑的求职者。

经济学家称，求职人员与空缺职位之间的不吻合现象还会持续，而且即使在经济复苏后也是如此，而这对就业市场的复苏大为不利。

美国经济学家索菲亚表示，现在美国的就业市场对求职人员的要求已不仅是考虑转换公司，对求职者而言更需要考虑的是转换行业。但是对于50岁以上的失业人员来说，重新学习专业知识转换行业的难度很大。这就如同让一个汽车组装工一夜之间就成为合格的医疗护理人员一样，在现实中并非易事。

就业专家根据统计数字指出，目前美国就业市场人才最短缺的职业有会计师、医护人员、软件销售代表、保险精算师、数据分析员、理疗师和电子工程师等。这些市场人才短缺的职业需要高级的专业训练，而这正是失业人员寻找这类行业工作时最难逾越的障碍。

一般而言，失业人员需要一年左右的重新培训才有可能转入新的职业领域。这意味着虽然医疗行业现在有大量的工作岗位空缺，但失业人员在短时间内难以填补这些空缺。

随着工作岗位的流失，求职人员和空缺职位之间的不吻合现象会越来越严重。现在，美国一个职位平均有6个人申请，这个比例是美国9年来最高的。

美国公司雇用大学毕业生最看重什么

美国大学和雇主协会2010年的一项调查显示，美国公司雇用大学毕业生最看重的素质中排在第一位的不是学生毕业于什么大学，也就是不以名校论英雄，而是注重大学毕业生的个人素质。在这项调查中，大部分雇主都将大学毕业生是否具有非常强的沟通能力作为录取与否最主要的考量之一。

在所有个人素质考核的指标中，雇主最注重的前五项指标依次为：与人沟通能力、分析能力、团队工作能力、专业技能、职业道德规范。

职场专家认为，对于一个刚走出校门的大学生而言，他们的实习经历在求职中显得非常重要。许多雇主认为，一个人的与人沟通能力和良好的职业道德，不仅仅是在学校的书本上学到的，而更多的是在现实生活尤其是在工作或实习中训练出来的，这也是为什么很多雇主喜欢雇用有实习经历的毕业生的原因。

事实上，美国大学和雇主协会的另一项调查结果也表明，是否拥有实习经历对大学毕业生能否找到工作至关重要。在调查中，超过四分之三的受访雇主表示，他们更喜欢雇用那些在大学学习期间有过实习经历的毕业生，一般而言，这种实习往往要与所学专业和毕业后求职的工作相近，而不仅仅是在餐馆打工或在沃尔玛商店当售货员。当然，也有16%的雇主认为，他们雇用刚毕业的大学生，对工作经历的要求不一定必须与其专业和现在的工作密切相关，只要有工作经历即可。而2.5%的雇主则认为，他们雇用刚毕业的大学生时，并不考虑他们是否有过工作或实习经历。

如果说企业招聘人才注重的是大学毕业生的个人素质的话，那么在企业的管理人才方面，企业老板最看重他们什么样的能力呢？IBM研究院对全球1 500家大公司总裁的调查显示，美国大公司高层主管把管理人才是否具有创造力视为一个企业未来能否成功的关键。所以在就业市场上，雇主强调的是毕业生的个人素质，而在职业发展上，特别是在管理领域，人们更需要培养的是创新能力和创造力，具备了这种素质的人，才更有机会在职业上取得成功，也才会有更大的发展空间。

美国联邦政府如何指导就业

在本章结束前，笔者想专门介绍一下美国联邦政府如何指导民众就业的问题。在美国，联邦和各州政府并不直接负责大学生就业工作，而是采取政策性指导和辅助的方式，将大学生就业与全民就业相结合。对于所有需要就业的人员，政府会提供翔实的就业岗位信息，预测就业环境变化与就业趋势等，为需要就业人员提供信息指导和辅助。

而对于失业人员，政府部门高度重视，除了拨出专款用于职业培训和提供就业信息外，更鼓励失业人员接受新的职业技能和知识培训，促进失业人员寻求新的就业机会。对于失业人员的教育和培训，政府会提供一定金额的奖学金和税务上的减免优惠。

在奥巴马政府耗资 7 870 亿美元的经济刺激计划中，有 17 亿美元是用于成年人就业服务的，这包括对成年人的职业训练、教育等内容。

美国劳工部的主要职责是提升劳动力大军的就业能力，提高就业人员的薪资和福利待遇，确保就业人员的退休福利和改善劳动者的工作环境。

美国劳工部是辅助民众就业最大的政府机构，劳工部网站拥有庞大的信息资料库，列出每一个行业的每一个工种、每一种职务的需求数量、需要的训练、教育程度和工作经验、预期的收入和待遇等信息。

美国劳工部提供的就业信息非常广泛和详细，该部下属的“美国职业信息网站”不仅提供工作岗位趋势、工资、全美和地方的劳动力市场信息，而且也提供经济、行业的发展数据、职业需求预测等。

美国劳工部编辑的《职业指导手册》则介绍具体职业和工作岗位对教育程度的要求，为接受不同程度教育的民众选择适合自己知识、技能的工作提供实用性信息。

而《工业发展展望》，是对全美和各州各行业发展对劳动力大军需求的10年预测，其中的信息包括就业机会增长最多的行业、就业机会减少的行业以及各个行业对人才需求的具体情况。

《工业领域就业指导手册》主要介绍各行业的工作环境、教育与训练、收入状况和福利以及就业机会展望等。

劳工部设立的就业网站直接链接美国各地方就业指导中心，其中提供的信息包括招聘信息、职业培训和政府提供的各种涉及就业的资金。失业人员如果想重返校园读书，联邦政府的学生资助网站就有非常详尽的政府资助计划。

联邦政府提供政府各部门的人才需求信息，例如目前联邦政府共有32 816个职位出现空缺，提供给大学生的就业职位有14 381个。对政府部门工作感兴趣的人可以报名并通过考试来获得工作机会。

州政府也有就业信息庞大的资料库，像加州政府专门设立雇用发展部，提供加州就业的相关信息和数以百万计的求职和招聘信息。

联邦政府对就业指导提供的资讯全部上网，供民众免费查阅。由劳工部主管的“美国工作银行”是全美最大的工作岗位数据库，上面列有80多万个工作岗位，每个月有800万人在这个数据库搜索工作机会信息。该数据库已建立20年并与各州1 800个职业发展机构联网，所列的各种工作招聘主要是私营企业和公司所需要的全职工作。

“美国人才银行”则是政府最新推出的就业市场数据库，与“美国工作银行”数据库不同的是，这一数据库具有自动匹配的功能。如果一个求职者的信息与雇主列出的所需人才的要求相吻合，计算机会自动通知雇主和求职者，这样更利于双方直接进行沟通。

目前，全美国有成千上万人失业，还有成千上万人害怕丢掉工作。虽然美国民众过去一直批评民主党的“大政府”理念，但现在能够提供最多就业机会的雇主恐怕就只有“山姆大叔”了。

第四章

行业、职业，走向与预测

□本章导读

在进入大学开始学习生涯时，不知有多少人会考虑未来的就业市场。如果一个学子在选择专业前能对经济走向、就业趋势有所了解，那么对未来的求职就会很有益处。在美国，政府有关部门会定期发布各行业发展和人才需求预测报告，这对于求职人员特别是大学生了解就业市场走向有很大的帮助。

名牌大学的毕业生在就业市场上有竞争力，热门专业在就业市场上也有竞争力，但就业市场会受到经济的影响。在经济危机中，名牌大学毕业生也未必能找到理想的工作，热门专业也会抵不住就业市场萧条的寒流。

如果从职业生涯的角度看，人们寻找工作不仅是找个“铁饭碗”，而且也期待薪水和福利待遇更好。虽然在经济危机中，人们先要解决“温饱”，然后才能思“小康”，但如果能未雨绸缪，走一步看三步，也许会有更多收获。

2009 年，美国陷入几十年来最严重的失业危机，就连大学生也不能幸免。虽然说大学毕业生是几家欢乐几家愁，但失业带给人们精神上的冲击和压力是不可小觑的。

谈到大学生的就业问题，视野问题很重要。不论哪个国家，人才的培养都要与社会的需要相结合。按照经济学理论，教育的社会经济价值也体现在接受教育者的收入上。美国行业种类繁多，大的行业有 20 多个，工作岗位有 800 多种。大学生从入学起，从某种意义上讲，不仅是吸取知识，而且也是为一生的职业生涯铺路。

职业可以分成蓝领、白领、金领甚至绿领，但教育的功能却不会改变，那就是教育能改变人的命运。

在美国劳动力市场，女性已成为主力军，就业人数与男性很接近。尤其是移民，女性往往比男性更容易找到工作，而且在薪资待遇上也要高于男性。

美国女性跨入高收入行业的人数越来越多，造成这一结果的原因是美国女性接受高等教育的人数增长很快。教育不仅奠定了今日美国女性的经济地位，而且也使女性的社会地位大幅提高。

——作者手记

大学学子需了解就业市场走向

在进入大学开始学习生涯时，不知有多少人会考虑未来的就业市场。如果一个学子在选择专业前能对经济走向、就业趋势有所了解，那么对未来的求职就会很有益处。

一个学子的个性发展当然与教育分不开，所学专业如果符合自己的兴趣、能够激发自己的聪明才智，那是最好的。进一步讲，学子所接受的教育和训练如果能够在就业市场上更具竞争力，那么可能是最理想的。

如果从职业生涯的角度看，人们寻找工作不仅是找个“铁饭碗”，而且也期待薪水和福利更待遇好。虽然经济危机中，人们先要解决“温饱”，然后才能思“小康”，但在目前状况中如果能未雨绸缪，走一步看三步，也许会有更多收获。

在经济不景气时，有些行业会受到大的冲击，就业机会减少。但与此同时，有些行业却会逆势发展。我们看到，在美国经济危机中，至少有三大行业的就业机会依然很多。

第一是医疗保健行业。这一行业的就业机会可以说是长期存在的，因为人总会有个头痛脑热，也会疾病缠身。因此，护士、医疗行业的技术人员、各种医生和助理在今天的就业市场上很抢手。特别是随着人口的老龄化和医疗保健行业退休人员的增多，这一行业对相关人才的需求量会持续增加。

第二是教育行业。在美国，中小学教师这一职业的就业市场一直被看好，优秀的教师永远是受欢迎的。在经济危机中，教育行业的就业机会最多。社区学院由于其学费低廉而广受学生欢迎，学生就读人数不断上升，因此对教师的需求量也不断增加。大学的研究生现在也是申请火爆，不少大学毕业生为了增强在就业市场的竞争力而纷纷继续深造，因此，大学教师的数量也会有相当比例的增加。

第三是政府的公务员。以前没多少人愿意当公务员，现在公务员反而成了令人羡慕的职业。政府机构的失业率远低于私人企业，虽然公务员的薪水不如私人企业和公司高，但政府工作比较稳定，而且退休福利也很优厚。在经济危机中，政府雇佣人数上升，成为人们寻找工作机会的亮点。

美国前劳工部长瑞克曾将新经济时代的经济特点描述为：消费者对产品和服务的选择更加广泛，消费者成为买方市场，科技的发展特别是互联网的普及使竞争者的产品已无秘密可言，消费者可以轻易地对产品的价格、质量、性能进行比较。产品的销售和提供的服务不像以前那样有保证，因而产品和服务的不断创新才能有效占领市场。而创新则意味着员工的工作保证降低、员工对企业的忠诚度减弱，传统的报酬和职业升迁方式开始失去效用。

消费者更多的选择和企业更多的革新将使就业市场中的两类人才更具竞争力。一是新产品开发型人才，这包括新型能源开发者、节能产品设计者、计算机程序员、软件开发人员、网络管理人员等。这些人才可以使企业采用信息技术进行革新，从而促进生产和销售。

二是市场开发型人才，如消费者研究、产品设计专家、营销专家等，他们会将新产品开发型人才开发出的革新产品有效地在市场上销售并满足消费者的需要。

大多数人可能只能是这两种人才中的一种，但能将这两种人才有效地连接在一起、分享知识并制造出革新的产品以及提供服务的领导者将是新经济时代经济领域最需要的人才。

就业市场对人才类型需要的转变，也使得人们重新审视教育与就业市场的关系。从就业市场的角度看大学教育的价值，学生单纯获取知识的重要性已让位于成为市场需要的人才。学生选择的专业未必要符合自己兴趣，但一定要是就业市场上的热门。

在新经济时代，美国的就业人员大致可分为 4 类：第一类是有创造性的人员，将会占劳动力大军的 25%；第二类是常规的生产人员，将会占劳动力大军的 20%；第三类是服务业人员，将会占劳动力大军的 30%；第四类是政府、农业、矿业和自然资源开发人员，将会占劳动力大军的 25%。

在新经济时代，美国就业市场职位增加最多和最快的行业第一位将是医疗科学和卫生保健行业，其次为娱乐和艺术业，接下来为服务行业和教育行业。

21 世纪经济发展最突出的一个特点是绿色产业，也就是节能产业的兴起，因此绿色结构师、环境工程师等将会是需求量较大的职业。美国的经济刺激计划投资数十亿美元用于绿色产业，从清洁能源科学到风能、太阳能的利用都需要更多的人才。

虽然美国的金融风暴席卷全球，成为此次经济危机的罪魁祸首，但金融是西方经济的心脏，用钱来赚钱是最高效的获利手段。因此，对金融人才的需求不会因金融风暴而中断。会计师和审计师对于公司来说是不可缺少的，在就业市场上依然会保持较大的需求量。虽然美国的部分信息技术产业被外包，但高技能的信息技术专家会特别受美国公司的青睐，而且在信息技术产业，具有管理背景的人才将会更受欢迎。

美国行业发展和人才需求趋势

根据美国劳工部所做的2006—2016年各大行业就业增长预测，2006年美国各行业雇佣人员总数为1.51亿，到2016年，各行业的雇佣人数将增至1.66亿，纯增加的就业人数为1 560多万，增长幅度为10.4%。

美国的第二产业，也就是工业领域2006年共雇用人员2 250万名，预计到2016年这一行业的雇佣人数将为2 177万，比2006年减少73万。

在制造业，总的趋势是雇佣人数下降，2006年雇佣人员总数为1 419万，到2016年，这一行业的雇佣人数将减少到1 269万，比2006年减少了150万，减少比例为10.6%。在制造业，除了航太产品、食品制造和医药产品行业就业人数略有增长外，其他行业如纺织业、印刷业、计算机制造业、机械制造业、汽车业全部减员，减员的幅度从12%至35.4%不等。医药制造行业的就业人员预计会上升23.8%，新增加工作岗位6.9万个。而机器制造业将会减少工作岗位14万个，服装业会减少工作岗位近3万个，计算机和电子产品制造业会减少工作岗位15万个。

预计2016年建筑业的就业人数会比2006年增加10.2%，从2006年的768万增加到2016年的847万。美国矿业的雇佣人数预计会下降1.6%，工作岗位会减少1万个。

在农、林、渔、牧行业，2006年雇佣人员总数为213万，到2016年，这一行业的雇佣人数将减少到196万，减少了17万，人员减少幅度为8%。

美国从制造业向服务业的转型已进行了几十年，而在21世纪，这种转型依然会持续。预计到2016年，美国服务业会新增加1 579万个工作岗位。

教育和医疗卫生服务业是服务业领域持续快速增长的行业，到2016年，就业人员将会增长18.8%，预计会新增加550万个工作岗位，约占美国新增加工作岗位的30%。

随着美国老龄人口的增加和寿命的延长，医疗卫生服务和社会协助工作将会吸收更多人加入这一行业。医疗保健和个人、家庭服务与护理等领域的就业人数预计将上升25.4%，可新增加400万个工作岗位。

学生入学人数的增多，会对教育提出更多的服务要求。预计在2016年，公立和私立教育机构的人员总数会上升10.7%，可新增加140万个工作岗位。

专业性和商业服务业在2006年雇佣人数为1 755万多，到2016年，这一行业的雇佣人数将增至2 164万多，纯增加的就业人数为409万多，增长幅度为23.3%。在这一行业中，雇佣人员增加比例最多的是管理、科学、技术咨询服务，2016年比2006年可新增加人数71万多，增长比例为77.9%。

在行政、废物管理和辅导服务行业，人员的增长幅度预计为20.3%，可新增加179万个工作岗位。在经济危机的冲击下，就业服务成为热门，到2016年会增加60万个工作岗位。

随着工商领域大量采用信息技术和维持网络系统安全的需要，科学、技术领域的专业服务人员会有较大增加，预计增加幅度将达到28.8%，可新增加210万个工作岗位。到2016年，计算机系统设计和相关服务人员将增加38.3%。与信息技术相关的行业如管理、技术、技术咨询服务都会有不同程度的增加。

信息业在2006年雇佣人数是305万多，到2016年，这一行业的雇佣人数将增至326万多，纯增加的就业人数为21万多，增长幅度为6.9%。在此行业中，广播、电影、网络服务的就业人数都将有所增长，增长比例最大的是软件出版业，增长比例为32%，而出版业雇佣人数则出现下降，下降比例为7.5%。

休闲、娱乐和艺术行业的就业人员也会有所增长，特别是娱乐、博彩和休闲行业的发展表明人们在收入增加后会更多地关注运动与娱乐活动。在娱乐、休闲、旅游业，2006 年雇佣人数为 1 314 万多，到 2016 年，这一行业的雇佣人数将增至 1 501 万多，纯增加的就业人数为 187 万多，增长幅度为 14.2%。与此同时，酒店和餐饮业的就业人数增长幅度预计为 11.4%，到 2016 年会增加 130 万个工作岗位。

贸易行业在 2006 年雇佣人数为 2 121 万人，到 2016 年，这一行业的雇佣人数将增至 2 233 万，纯增加的就业人数为 111 万多，增长幅度为 5.3%。运输业在 2006 年雇佣人数为 446 万多，到 2016 年，这一行业的雇佣人数将增至 496 万多，纯增加的就业人数为 49 万多，增长幅度为 11.1%。

金融业在 2006 年雇佣人数为 836 万多，到 2016 年，这一行业的雇佣人数将增至 957 万多，纯增加的就业人数为 120 万多，增长幅度为 14.4%。

预计政府公务员的人数从 2006 年到 2016 年会增长 4.8%，从 2006 年的 1 000 万增加到 2016 年的 1 100 万。

2006 年，政府和民间组织的雇佣人员的人数为 1 121 万多，到 2016 年，这一行业的雇佣人数将增至 1 189 万多，纯增加的就业人数为 68 万多，增长幅度为 6.1%。各州和地方政府雇佣人数在 2016 年将会比 2006 年增加 61 万多，增长比例为 7.7%。联邦政府雇佣人员在 2016 年将会比 2006 年减少 9 万，减少比例为 4.6%。这说明，美国就业机会的增长不依赖政府职位的扩张，而主要靠经济领域和社会服务领域扩大生产和服务，进而创造更多的就业机会。下面是 2006—2016 年美国主要领域就业增长预测。

2006—2016 年美国主要领域就业增长预测

行业	2006 年雇佣人数	2016 年雇佣人数	增加雇佣人数（万）	增长比例（%）
所有行业	1.51 亿	1.66 亿	1 560	10.4
商业金融管理	1 539 万	1 699 万	160	10.4
商业金融运行	660 万	767 万	107	16.2
数学/计算机	2 981 万	3 479 万	498	16.7
工程学	151 万	167 万	16	10.6

（续上表）

行业	2006 年雇佣人数	2016 年雇佣人数	增加雇佣人数（万）	增长比例（%）
生命科学	25 万	29 万	4	16.0
社会科学	53 万	61 万	8	15.1
物理科学	26 万	30 万	4	15.4
社会服务	238 万	292 万	54	22.7
法律	122 万	136 万	14	11.5
教育	903 万	1 029 万	126	14.0
医疗服务	719 万	862 万	143	19.9
服务	2 895 万	3 378 万	483	16.7
餐饮	1 135 万	1 278 万	143	12.6
个人护理服务	496 万	606 万	110	22.0
销售	1 598 万	1 720 万	122	7.6
办公室行政	2 434 万	2 608 万	174	7.2

十年内就业市场服务业领风骚

美国劳工部发布的《就业预测报告》是个人、教育机构、职业培训机构了解美国各行业对人才需求状况最有价值的一本参考读物，该报告为民众选择教育、进入劳动力市场或改变职业提供了非常翔实的信息。

根据美国劳工部《2006—2016 年就业预测报告》，在 2006—2016 年 10 年间，美国工作岗位增加最多的行业是服务业，占据了新增加岗位的四分之三。在职业性服务、商业服务、健康服务、社会服务四大领域，将新增加 810 万个工作岗位，超过了全部新增加岗位的一半。

以下为 2006—2016 年美国预计就业人数增长最多的十个行业。

2006—2016 年美国预计就业人数增长最多的行业

行业	2006 年雇佣人数（万）	2016 年预计雇佣人数（万）	10 年间增加雇佣人数（万）	雇佣人员增长比例（%）
管理、科技咨询服务	92.1	163.9	71.8	77.9
就业服务	365.7	434.8	69.1	18.9
医院	498.8	567.9	69.1	13.9
中小学教育人员	334.7	368.3	33.6	10.0
地方政府	559.4	620.6	61.2	10.9
医生办公室	215.4	268.7	53.3	24.7
快餐厅	401.9	454.8	52.9	13.2
大学	343.4	393.3	49.9	14.5
计算机系统设计	127.8	176.8	49.0	38.3
家庭保健服务	86.8	134.8	48.0	55.3

以下为 2006—2016 年美国预计就业人数减少最多的十个行业。

2006—2016 年美国预计就业人数减少最多的行业

行业	2006 年雇佣人数（万）	2016 年预计雇佣人数（万）	10 年间减少雇佣人数（万）	雇佣人员减少比例（%）
加油站	86.1	71.6	14.5	16.8
印刷厂	63.6	49.7	13.9	21.8
汽车零件制造	65.4	51.6	13.8	21.1
百货店	155.1	143.8	11.3	7.3
服装制造	18.6	7.7	10.9	58.6
有线通信	47.8	37.9	9.9	20.7
种植	53.9 万	44.1	9.8	18.2
联邦政府	195.8	186.9	8.9	4.5
文具用品店	37.9	30	7.9	20.8
计算机零件制造	19.9	13.2	6.7	33.7

从2006年至2016年，将是美国行业大洗牌的阶段，传统产业的雇佣人数持续下降，以服务业为龙头的产业持续增长。美国预计新增加的工作岗位主要集中在30种职业，占新增加工作岗位的一半以上。同样，美国预计减少工作岗位的行业也集中在30种职业，占全部减少工作岗位的三分之二。

到2016年，在美国30种工作岗位数量增加最多的职业中，有19种职业属于职业性和服务性行业。30种工作岗位数量增加最快的职业中，有28种在职业性和服务性行业。

不同教育程度在哪些行业就业机会多

随着经济的发展，美国各行业对高中以上教育程度人才的需求趋势是供不应求。这也凸显出高技术、高技能、高学历的人才将是拉动美国经济发展的主要人力资源动力。以下为2006—2016年不同教育程度人群预计就业增长情况。

2006—2016年不同教育程度人群预计就业增长情况

教育/就业	2006年就业人数	2016年预计就业人数	10年新增就业人数（万）	就业增长比例（%）	10年间人才总需求量（万）
所有职业	1.51亿	1.66亿	1 560	10.4	5 073.2
职业性博士学位	197万	224.7万	27.7	14.0	63.8
博士学位	202.5万	246.2万	43.7	21.6	79.3
硕士学位	216.7万	257.5万	40.8	18.8	81.9
大学以上学历加经验	652.4万	711.7万	59.3	9.1	200.8
学士学位	1 858.5万	2 165.9万	307.4	16.5	670.6

（续上表）

教育/就业	2006 年就业人数	2016 年预计就业人数	10 年新增就业人数（万）	就业增长比例（%）	10 年间人才总需求量（万）
大专学历	581.2 万	689.9 万	108.7	18.7	224
大专职业证书	790.1 万	897.3 万	107.2	13.6	249.1
有与职业相关工作经历	1 457.9 万	1 588.9 万	131	9.0	421.6
需长期岗位培训人员	1 148.9 万	1 220 万	71.1	6.2	327.2
需中期岗位培训人员	2 723 万	2 924.8 万	201.8	7.4	751.6
需短期岗位培训人员	5 233.9 万	5 695.1 万	461.2	8.8	2 012.3
高中和以下教育程度	6 636.5 万	7 148.4 万	511.9	7.7	2 165.6
部分大学教育程度	4 622.9 万	5 107.4 万	484.5	10.5	1 553.4
大学以上教育程度	3 802.6 万	4 366.3 万	563.7	14.8	1 354.2

美国经济下滑，制造业和金融业纷纷大量裁员，就业市场一片低迷。但由于美国进入“婴儿潮”退休阶段，使得传统行业仍需吸收新鲜人才。随着经济复苏的曙光再现，就业市场对人才的需求开始回升。

对于大学生而言，不光要埋头读书，也要对就业市场和行业的人才需求前景抬头看路。美国的劳工部、政府的经济学家每隔一段时间都会发布有关社会和企业对各类人才需求的预测报告并评估人才流向与教育的结合性。就业市场对大学生的需求预测展示了美国对高等教育人才需求的一些特点，也反映出各行业吸收人才的某些趋势。尽管 2008—2009 年美国的失业率上升，但总体而言，这一预测所反映出的人才需求趋势没有太大的变化。

美国九大就业增长比例最高的职业

经济的发展离不开各类专业人才，而在美国就业市场上，除了传统的管理者、医生、金融投资专家这三大类金领职业外，工程师、律师、会计师这三类也是捧着“金饭碗”不愁没饭吃。根据美国政府部门对就业市场所做的调查和人才需求预测，有九种职业是未来几年就业增长比例最高的，这些职业也可以被称为最热门的职业。在未来几年就业增长比例最高的职业中，与医疗健康相关的职业所占比例很大，这也反映出随着生活水平的提高和人口的老龄化，人们更加注重身体的健康以及相关的服务。下面是美国未来几年最热门九大职业人才需求增长的比例以及这些职业从业人员的收入状况。

第一，生物医学工程师。生物医学工程师是美国未来几年最热门的一个职业，未来几年这个职业的市场需求的增长率高达72%，可谓美国职业增长比例最高的职业。生物医学工程师的工作是运用生物、工程等专业知识去设计、发展和评估生物、健康系统及其产品，例如人造器官、医用仪器、医学信息系统、医疗健康管理和病患照料系统等。

2009年，美国生物医学工程师的人数为14 760，平均年薪为82 550美元。在美国的各州中，明尼苏达州的生物医学工程师的收入最高，平均年薪为96 930美元。

第二，网络和数据通信分析师。网络和数据通信分析师职业在未来几年也很走俏，市场上的需求量会增加53%。虽然网络和数据通信分析师这个名称挺学术化的，但在这个领域也有着较细的分工。网络工程师的工作是设计网络系统，就像建筑师一样，他们得把网络这座房子盖起来；网络和计算机系统管理者就是网络的指挥官，网络如何运作就是他们说了算，此外，他们也得干些保姆式的活，像网络维护等；数据库管理者就如同图书馆的管理员一样，要为用户提供千千万万各式各样的信息和资讯；计算机安全专家就是网络上的警察，既要保证计算机和网络的安全，又要预防网络犯罪；全球网络开发者的工作能使世界各地远在千里之外的人通过计算机和网络变得犹如近在咫尺。

从事网络和数据通信分析师这一职业一般需要大学毕业，虽然有的职位大专毕业或经过职业训练后的人也能胜任，但要想在这一领域有较大发展，较高的学历会占有优势。

2009年，美国网络和数据通信分析师职业的人数为226 080，平均年薪为76 560美元。

第三，家庭健康护理员。家庭健康护理员的工作主要是照料残疾、患有慢性病和智力衰退的老年人，他们主要是在病人家里进行护理，或是在老年人中心等机构内工作。从 2011 年起，美国婴儿潮时代出生的人开始陆续进入退休阶段，因此，社会对老年人健康护理员的需求量也将随之大增，在未来几年就业市场上对老年人健康护理员的需求量会增加 50%。

2009 年，美国家庭健康护理员的人数为 955 220，平均年薪为 21 620 美元。家庭健康护理员照料老年人的工作需要有很强的责任心，从事这一职业对学历要求不高，只要是初、高中毕业生，经过岗位短期培训后就可胜任。

第四，个人和家庭护理员。个人和家庭护理员的工作与家庭健康护理员的工作有类似之处，但也有不一样的地方。个人和家庭护理员主要在生活上对一些老人进行照料，有点像保姆。在美国大部分家庭中，老人退休后往往不与子女住在一起，因此，他们多是雇用个人和家庭护理员来照料日常生活。多年来，老年人个人和家庭护理员的需求量一直上升，而在未来几年，就业市场上对老年人个人和家庭护理员的需求量会增加 46%。

2009 年，美国个人和家庭护理员的人数为 630 740，平均年薪为20 280 美元。从事个人和家庭护理员这一职业对学历要求不高，只要是初、高中毕业，经过岗位短期培训后就可胜任。

第五，财务督察员。财务督察员的工作是对有价证券、金融和房地产交易机构进行监督，以确保这些机构能够遵守相关法律法规。金融风暴后，美国政府加强了对金融机构的监管，财务督察员需求量也随之增加，未来几年就业市场上对财务督察员的需求量会增加 41%。

2009 年，美国雇用的财务督察员有 26 050 人，主要是在政府部门工作，平均年薪为 79 070 美元。

在美国的大都会地区中，旧金山地区就业的财务督察员平均年薪最高，为 110 480 美元。

第六，医学科学家。医学科学家主要从事人类疾病和生命的研究以达到改善人类健康的目的，他们主要分布在美国的大学、医院和非盈利的医学研究机构。从事医学科学家职业最低的要求是博士毕业，未来几年这一职业的市场需求量会增加 40%。

2009 年，美国雇用的医学科学家有 26 050 人，平均年薪为 84 760 美元。

第七，美容师。美容师主要是对个人的面部和身体进行保养，使人的外表看起来更年轻和更健康。如今人们尤其是女性特别爱美，而且据说在职场上做过美容的女性就业几率高，所以美容师的需求量也不会小，未来几年就业市场上对美容师的需求量还会增加38%。

2009年，美国美容师的人数为28 210，平均年薪为31 990美元。

在美国的大都会地区中，威斯康星州的麦迪逊地区的美容师平均年薪最高，为44 390美元。

第八，生物化学家和生物物理学家。生物化学家和生物物理学家主要研究生物细胞和生物体的化学成分和物理特性，通过对新陈代谢、繁殖、生长和遗传的研究，深入了解生物复杂的化学成分组合和相互间的反应。同时，生物化学家和生物物理学家通过这些研究也进一步了解食品、药品、血清、荷尔蒙等对生命体的影响。在未来几年，美国就业市场对生物化学家和生物物理学家的需求量会增加37%。

2009年，美国生物化学家和生物物理学家的人数为22 860，平均年薪为88 550美元。

在美国的大都会地区中，新泽西州的阿伦城地区的生物化学家和生物物理学家平均年薪最高，为126 600美元。

第九，运动训练师。运动训练师不是体育运动教练，而是协助受伤的运动员进行康复，有一点运动医生的味道。在未来几年，美国就业市场对运动训练师的需求量会增加37%。

2009年，美国运动训练师的人数为15 260，他们的平均年薪为44 020美元。

美国九大热门职业的就业增长和收入状况

职业	增长比例（%）	预计新增加职位（个）	2008年中位年薪（美元）	教育程度
生物医学工程师	72	11 600	77 400	大学毕业
网络和数据通信分析师	53	155 800	71 100	大学毕业
家庭健康护理员	50	460 900	20 460	岗位短期培训
个人和家庭护理员	46	375 800	19 180	岗位短期培训
财务督察员	41	11 100	70 930	大学毕业
医学科学家	40	44 200	72 590	博士毕业
美容师	38	14 700	28 730	大专职业学历

（续上表）

职业	增长比例（%）	预计新增加职位（个）	2008 年中位年薪（美元）	教育程度
生物化学家和生物物理学家	37	8 700	82 840	博士毕业
运动训练师	37	6 000	39 640	大学毕业

美国就业人数增长最多的职业

根据美国政府有关部门的预测，在未来几年就业人数增长最多的二十个职业中，新增加的就业岗位从 16～58 万不等。这二十个职业在未来几年提供的就业机会超过所有职业新增就业机会的三分之一。注册护士市场的需求量最大，预计未来几年会新增加 58 万多个新的职位，家庭健康护理员新增加的就业职位也可达到 46 万个，个人和家庭护理员新增加职位预计为 37 万多个。与此同时，教育、销售、餐饮业、办公室等行业新增加的职位数量也不少。与高收入的金领、白领相比，美国就业市场上这些雇佣人数最多、需求量最大的职业对从业人员的教育程度要求并不高，甚至不需要本科学历。具有高中文化程度的人员经过岗位职业培训基本上就可以满足工作的需要，当然这些职业的收入大多是处于美国中位收入水平以下的。下面是美国未来几年就业人数增长最多的二十个职业中部分职业的需求和收入状况。

第一，客户服务代表。客户服务代表不是售货员，他们的主要职责是就公司的产品、服务与客户进行沟通，并处理客户提出的意见。2009 年，美国从事客户服务代表这一职业的人数超过 2 195 860，他们的平均小时工资为 15.58 美元，平均年薪为 32 410 美元。在美国大都会地区中，加州的圣荷西地区客户服务代表的平均年薪最高，为45 880美元。根据预测，未来几年美国新增加的客户服务代表职位将有399 500个，增长率为18%。从事客户服务代表职业对教育程度要求不高，只要是初、高中毕业，经过工作岗位培训就可以上岗。

第二，餐饮服务人员。2009年，美国餐饮服务业的就业人数为2 695 740，是美国雇佣人数最多的行业之一。虽然餐饮服务业可以提供大量的就业机会，但它也是美国所有行业中收入最低的一个行业。餐饮服务业人员的平均小时工资为8.71美元，平均年薪为18 120美元。在美国大都会地区中，康涅狄格州但布瑞地区餐饮服务人员的平均年薪最高，为24 810美元。根据预测，未来几年美国新增加的餐饮服务业职位将有394 300个，增长率为15%。从事餐饮服务业职业对教育程度要求不高，只要是初、高中毕业，经过工作岗位培训就可以上岗。

第三，零售店售货员。在美国找零售店售货员的工作最容易，因为这不需要什么专长，只要会说话、认得钱就行了。从事零售店售货员职业不必是全职，晚上、周末、销售旺季的时候，找个兼职也挺容易，所以美国中学生打工最喜欢找的工作就是在快餐店和零售店卖饭或卖货。2009年，美国共有4 209 500人在零售店从事售货员职业，他们的平均小时工资为11.84美元，平均年薪为24 630美元。在美国大都会地区中，佛罗里达州西棕榈滩地区零售店售货员的平均年薪最高，为31 370美元。根据预测，未来几年零售店售货员的职位还会增加374 700个，增长率为8%。

第四，办公室文员。办公室文员是人们最熟悉的职业之一，无论到哪个公司或是部门办事，第一个打交道的可能就是办公室文员。从事办公室文员职业既不需要很高的文化程度，也不需要特殊的专业知识，但要会待人接物。2009年，美国从事办公室文员职业的人数为2 815 240，他们的平均小时工资为13.32美元，平均的年薪为27 700美元。在美国大都会地区中，加州奥克兰地区办公室文员的平均年薪最高，为35 840美元。根据预测，未来几年办公室文员的职位还会增加358 700个，增长率为12%。

第五，护士助理。护士助理的工作是在护士的指导下对病人进行日常的照料，包括喂食、洗澡、穿衣等。2009年，美国共有1 438 010人从事护士助理的职业，他们的平均小时工资为12.01美元，平均年薪为24 980美元。在美国大都会地区中，加州旧金山地区护士助理的平均年薪最高，为36 900美元。根据预测，未来几年护士助理的职位还会增加276 000个，增长率为19%。

第六，大学教师。大学教师应当说是一个好职业，不仅教书育人，而且收入不薄。在美国，要想在四年制大学当一名教师一般需要博士毕业，在两年制大学硕士毕业也许也能任职。2009 年，美国共有 205 760 人从事大学教师的职业，他们的平均年薪为 74 330 美元。根据预测，未来几年大学教师的职位还会增加 256 900 个，增长率为 15%。

第七，建筑工人。城市的发展离不开建筑工人，从住宅、办公楼到公路、桥梁都包含着建筑工人的辛勤汗水。建筑工人需要有良好的体力和一些专门的技能和经验。从事建筑工人这一职业虽然对教育程度的要求不高，但很多技术工种却需要专门的技能，因此在就业市场上竞争也很激烈。2009 年，美国从事建筑工人职业的人数为 856 440，他们的平均小时工资为 15.96 美元，平均的年薪为 33 190 美元。在美国大都会地区中，纽约州纽约地区建筑工人的平均年薪最高，为 54 270 美元。根据预测，未来几年建筑工人的职位还会增加 255 900 个，增长率为 20%。

第八，小学教师。小学教师的工作大家都熟悉，本文中小学教师的相关数据不包括小学中的特殊教育教师。2009 年，美国从事小学教师职业的人数为 1 544 300，他们的平均年薪为 53 150 美元。在美国大都会地区中，纽约州拿骚地区小学教师的平均年薪最高，该地区有小学教师 16 220 名，教师的平均年薪为 83 090 美元。根据预测，未来几年小学教师的职位还会增加 244 200 个，增长率为 16%。

第九，大货车司机。美国高速公路发达，公路货运比铁路快捷，也比飞机运输价格低，所以大货车司机就很吃香。2009 年，美国从事大货车司机职业的人数为 1 550 930，他们的平均小时工资为 18.87 美元，他们的平均年薪为 39 260 美元。美国雇用大货车司机最多的部门是普通货物运输公司，共雇用大货车司机 551 630 人，雇员的平均年薪为 41 010 美元。在美国大都会地区中，阿拉斯加州费尔班克斯地区他们的平均年薪最高，该地区有大货车司机 460 名，大货车司机的平均年薪为 53 710 美元。根据预测，未来几年大货车司机的职位还会增加 232 900 个，增长率为 13%。

第十，管理分析师。管理分析师的职责是对企业的经营进行研究和分析，使企业的经营更加合理和具有竞争力。管理分析师的职业在就业市场上竞争很激烈，而那些具有大学本科以上学历、专业经验丰富并对销售、公共关系有专长的人则会占据优势。2009 年，美国从事管理分析师职业的人数为 552 770，他们的平均小时工资为 40.70 美元，他们的平均年薪为 84 650 美元。在美国大都会地区中，佐治亚州大草原地区管理分析师的平均年薪最高，该地区有管理分析师320名，他们的平均年薪为118 030美元。根据预测，未来几年管理分析师的职位还会增加178 300个，增长率为24%。

美国就业人数增长最多的二十个职业

职业	预计新增职位（个）	增长比例（%）	2008年中位年薪（美元）	对教育程度的要求
注册护士	581 500	22	62 450	大专毕业
家庭健康护理员	460 900	50	20 460	岗位培训
客户服务代表	399 500	18	29 860	岗位培训
餐饮服务人员	394 300	15	16 430	岗位培训
个人和家庭护理员	375 800	46	19 180	岗位培训
零售店售货员	374 700	8	20 510	岗位培训
办公室文员	358 700	12	25 320	岗位培训
会计师、审计师	279 400	22	59 430	大学毕业
护士助理	276 000	19	23 850	职业证书
大学教师	256 900	15	58 830	博士毕业
建筑工人	255 900	20	28 520	岗位培训
小学教师	244 200	16	49 330	大学毕业
大货车司机	232 900	13	37 270	岗位培训
园艺工人	217 100	18	23 150	岗位培训
簿记员	212 400	10	32 510	岗位培训
总裁、经理秘书	204 400	13	40 030	工作经验
管理分析师	178 300	24	73 570	大学毕业
计算机软件工程师	175 100	34	85 430	大学毕业
办公室接待员	172 900	15	24 550	岗位培训
木匠	165 400	13	38 940	岗位培训

需要硕士学位工作岗位增长最快的职业

在美国有很多职业对人们的教育程度有最基本的要求，下面的一些职业需要求职人员至少具有硕士学位。这些高学历人才所从事的职业在薪水待遇上并不是一刀切，不同的行业、地点以及个人的工作经验等都会影响到其收入。

第一，兽医。本书在介绍美国职业时曾多次出现兽医这个职业，可见兽医是一个相当不错的职业，未来几年美国的兽医需求量会增加33%，前景看起来挺光明。从事兽医职业一般需要博士学位，而且还要有专门的执照。2008 年，美国兽医的中位年薪为 75 230 美元。

第二，理疗师。“伤筋动骨一百天”，这说明治疗“伤筋动骨”不是一下子就能手到病除的。理疗师的工作就是这样，而美国对理疗师的需求量还挺大，未来几年理疗师的职位会增加 30%。从事理疗师职业有硕士学位就足够。2008 年，美国理疗师的中位年薪为 72 790 美元。

第三，人类学家和考古学家。学文科的在就业市场上优势不大，能在专业上发展的人不多，大部分是万金油，做什么都行，但这样一来，薪水就比学医学、理工、管理和法律的人要差上一大截。但美国对人类学家和考古学家挺重视，就业机会也不少，未来几年社会对这两种人才的需求量会增加 28%。从事人类学家和考古学家职业只要硕士学位就可以，但如果要在大学教书那就需要获得博士学位。2008 年，美国人类学家和考古学家的中位年薪为 53 910 美元。

第四，环境科学家和专家。现代人对环保越来越重视，“低碳生活”也成为 2010 年的流行语。在时代潮流面前，环境科学家和专家想不吃香都不行，未来几年美国对环境科学家和专家的需求量会增加 28%。从事环境科学家和专家职业要求至少是硕士毕业。2008 年，美国环境科学家和专家的中位年薪为 59 750 美元。

第五，镶牙专家。美国人特别重视保护牙齿，所以与牙相关的医疗职业收入都不错。想成为镶牙专家的人必须获得牙齿外科博士学位或牙齿医学博士学位。2008 年，美国镶牙专家的中位年薪为 166 400 美元。

第六，工业组织心理学者。在美国心理学者的职业分布面很广，医疗界、教育界、司法界都有大量的心理学工作者，而工业组织心理学者主要针对工作场所的人类心理，通过心理分析和研究提高生产效率和工作质量。如果有心理学硕士学位，就可以加入工业组织心理学者的大军行列。2008 年，工业组织心理学者的中位年薪为 77 010 美元。

第七，地理学家。地理学家顾名思义就是与地球打交道。未来几年美国对地理学家的需求量会增加 26%。从事地理学家这一职业至少需要硕士学位，而在大学任教就需要博士学位了。2008 年，地理学家的中位年薪为 66 600 美元。

需要学士学位工作岗位增长最快的职业

美国每年大学本科毕业生的人数要远远超过硕士和博士的毕业生人数，很多职业只要是大学本科毕业就可胜任。在需要本科文凭的一些职业中，下列的职业是未来几年就业岗位增长最快的职业。

第一，网络和数据通信分析师。如今人类已进入了网络时代，网络和数据通信分析师可以大展身手了。关于网络和数据通信分析师的详细收入情况，可参见《美国九大就业增长比例最高的职业》一文中的具体介绍。

第二，财务督察员。财务督察员的工作是审核银行和金融机构的运作是否符合法律法规的要求，同时也审核金融和不动产交易是否符合规定，以避免出现像高盛集团那样的违规事件。关于财务督察员的详细收入情况，可参见《美国九大就业增长比例最高的职业》一文中的具体介绍。

第三，运动训练师。运动训练师有点像医生，他们要对受伤的运动员或其他人进行治疗，而且还要指导进行运动锻炼的人预防运动损伤。关于运动训练师的详细收入情况，可参见《美国九大就业增长比例最高的职业》一文中的具体介绍。

第四，计算机应用软件工程师。进入信息化时代以后，计算机行业一直都是就业市场上的热门，而软件设计师也是前途和“钱途”都很光明的职业。未来几年美国就业市场上对计算机应用软件工程师的需求量将增长34%。2008 年，计算机应用软件工程师的中位年薪为 79 780 美元。

第五，环保工程师。环境保护是21 世纪经济发展中最受重视的项目之一，“低碳生活”不再只是一句动人心弦的口号，而是同人们的生活密切相关。未来几年美国就业市场上对环保工程师的需求量将增长 31%。2008 年，环保工程师的中位年薪为 74 020 美元。

第六，计算机系统软件工程师。与计算机应用软件工程师一样，计算机系统软件工程师在就业市场和职业发展中也都有不错的前景。未来几年美国就业市场上对计算机系统软件工程师的需求量将增长 30%。2008 年，计算机系统软件工程师的中位年薪为 92 430 美元。

第七，民调研究人员。民调研究人员主要在一些专门的民调机构和媒体工作，这一职业在就业市场上的需求量不断增加，但就业人员的薪水却属于中下水平。未来几年美国就业市场上对民调研究人员的需求量将增长30%。2008 年，民调研究人员的中位年薪为 36 220 美元。

第八，个人财务顾问。现代人越来越重视个人和家庭的理财，因为“你不理财，财就不理你”。而穷人与富人的一个很大的区别就是善于理财的人成为富人的几率大，不善于理财的人成为穷人的机会多。未来几年美国就业市场上对个人财务顾问的需求量将增长 30%。2008 年，个人财务顾问的中位年薪为 69 050 美元。

第九，市场研究分析师。市场研究分析师在企业和公司中的作用不可忽视，因为他们的工作是研究哪种产品或服务最有市场及如何占领市场。未来几年美国就业市场上对市场研究分析师的需求量将增长 28%。2008 年，市场研究分析师的中位年薪为 61 070 美元。

第十，职场招聘人员。在经济不好的情况下找工作不容易，但招人的工作却还很兴旺。未来几年美国就业市场上对职场招聘人员的需求量将增长 28%。2008 年，职场招聘人员的中位年薪为 45 470 美元。

需要大专学历工作岗位增长最快的职业

社区学院是美国培养中等职业型人才的重要渠道。2008 年，美国 18 ~ 24 岁的年轻人中，27. 8% 的人进入四年制大学，11. 8% 的人进入两年制社区学院。而在美国的就业市场上，不少职业并不需要具有大学本科学历，大量的技术性职业只要大专毕业就可以胜任。下面是美国未来几年工作岗位增长最快的职业，而这些职业只需要大专学历。

第一，美容师。美容行业是利润很高的行业，女人不但爱美而且也怕老，所以对皮肤的保养就成了女性的一大消费。既然有消费者，市场上就会需要美容师。关于美容师的详细收入情况，可参见《美国九大就业增长比例最高的职业》一文中的具体介绍。

第二，牙齿卫生人员。美国人特别重视对牙齿的保健，牙医需求量大，收入也不低。牙齿保健光有牙医还不行，因为很多基本的牙齿保健工作，牙医是不会去做的，这些工作就得依赖牙医助理或牙齿卫生人员了。未来几年美国就业市场上对牙齿卫生人员的需求量将增长 36% 。2008 年，牙齿卫生人员的中位年薪为 66 570 美元。

第三，兽医技术员。美国养猫养狗的人多，兽医供不应求，因而兽医技术员也就成了市场需求量大的职业之一。未来几年美国就业市场上对兽医技术员的需求量将增长 36% 。2008 年，兽医技术员的中位年薪为 28 900 美元。

第四，理疗师助理。与兽医技术员的情形差不多，理疗师的市场需求量也挺大，而理疗师助理也随之水涨船高，就业机会也多了起来。未来几年美国就业市场上对理疗师助理的需求量将增长 32% 。2008 年，理疗师助理的中位年薪为 46 140 美元。

第五，环保工程技术员。环保工程技术员的工作主要是协助环保工程师去解决人类的环境污染问题，这一职业的市场需求量越来越大。未来几年美国就业市场上对环保工程技术员的需求量将增长30%。2008年，环保工程技术员的中位年薪为41 100美元。

第六，职业病医师助理。医师离不开助理，职业病医师助理在就业市场上也变得道路宽广。未来几年美国就业市场上对职业病医师助理的需求量将增长30%。2008年，职业病医师助理的中位年薪为48 230美元。

第七，健身教练。女性防老除了美容外，更重要的是健身，健身既能保持身体健康，又可以让女性有一副好身材。所以美国的健身房都开成了连锁店，进行健身活动的有男有女、有老有少，而健身教练也就风光了起来。未来几年美国就业市场上对健身教练的需求量将增长29%。2008年，健身教练的中位年薪为29 210美元。

第八，环境科学和环境保护技术员。环境科学和环境保护技术员与环保工程技术员在工作性质上是基本相同的，但还是有些区别，环境科学和环境保护技术员对环保关注的面更宽广一些，工作也更具体一些。未来几年美国就业市场上对环境科学和环境保护技术员的需求量将增长29%。2008年，环境科学和环境保护技术员的中位年薪为40 230美元。

第九，热力、空调、冷藏技术人员和安装工。热力、空调、冷藏技术人员和安装工干的都算是技术活，人只要有一技之长就容易找工作，而且收入还不会太低。未来几年美国就业市场上对热力、空调、冷藏技术人员和安装工的需求量将增长28%。2008年，热力、空调、冷藏技术人员和安装工的中位年薪为39 680美元。

第十，律师助理。美国律师多如牛毛，而律师办案又离不开助理，所以律师助理也可以说是多如牛毛。未来几年美国就业市场上对律师助理的需求量将增长28%。2008年，律师助理的中位年薪为46 120美元。

大学毕业生在哪些行业易有用武之地

人们常说“三百六十行，行行出状元”。每一个行业或职业对从业人员都会有基本的要求，专业性较强的职业则更强调从业人员所接受的教育、经验。一般而言，行业对从业人员接受教育程度的要求可分为三大类。

第一，需要纯粹大学毕业生的行业。这些行业在美国指的是就业人员中60%的人拥有学士以上学位，高中毕业生只占20%，余下20%的就业人员正在攻读大学课程的那些行业。根据预测，未来几年这类行业会为刚毕业的大学生提供690万个工作岗位。

这类行业提供的工作岗位主要有：大学教师，小学教师，高中教师，会计师和审计师，计算机软件工程师，初中教师，内外科医生，律师，管理分析师，药剂师，儿童、家庭社会工作者，特殊教育，幼儿园教师，教育顾问，机械工程师，市场研究分析师，土木工程师以及物理治疗师。

但即使在一些并不需要硕士以上学位人才的行业中，如果一个人拥有硕士以上学位，那他的发展机会就会比其他人多。因此，作为一个总的趋势，雇用大学以上教育程度人员比例较高的行业增加新工作岗位的速度将会比其他行业快，这些行业的增长速度为19%，而其他行业的平均增长速度为13%。

第二，需要不同教育程度人员的行业。这些行业所雇用的大学学士学位以上人员约占所有雇佣人员的20%。未来几年这些行业将提供1 560万个工作岗位，其中700万个工作岗位会由大学毕业生来填补。

在这些行业中，注册护士的需求量最大，未来几年这一行业提供的工作岗位有71.2万个。其他行业提供工作岗位较多的有：零售业售货员(59.6万个)、总经理或部门经理（31.2万个)、销售代表（28.2万个)、客户服务代表（17.3万个)、计算机系统分析师（15.1万个)、办公室经理（12万个)、公司总裁（11.5万个)、社会和人类服务助理（11.2万个)、财务经理（10.6万个)、网络系统和数据通信分析师（10.1万个)、警察（10万个)。

第三，专业性较强的行业。许多人在进入大学前实际上已对某些领域充满兴趣，而且对未来的职业也做出了初步的选择。一般而言，大学毕业生在所学的专业领域可以从事多种职业，这包括个人在教育中培养出的基本素质，如热爱专业工作、勤奋工作、过去的经历和历练以及某些特殊课程训练出的技能等。

大学所学的专业科目与一些特殊的职业要求往往是相连的，这些专业科目的学习会给一些大学生在就业市场上的竞争带来帮助。

科技领域最容易就业的八种职业

美国经济在2008—2009年里失去了700多万个就业机会。目前，美国劳动力大军中仍有10%的人处于失业状态。由于经济复苏乏力，人们预计失业率在2012年前可能难以显著下降。不过，即使在就业市场如此不景气的情况下，还是有一些行业的就业前景十分乐观。下面是科技领域最容易就业的八种职业。

第一，计算机软件工程师。在高科技时代，计算机软件工程师的工作已渗透到人们的日常生活中，从电子游戏到导弹系统，几乎现代商业中最时髦的东西都要依赖软件。计算机软件工程师所从事的软件设计、组装、维护及与硬件融合等工作也成为美国就业市场人才需求量增长最快的一种职业。

软件工程师一般工作时间较长，2008年，15%的软件工程师每周要工作50个小时以上。在美国担任软件工程师最低的要求是要拥有计算机科学或相关领域的学士学位，而一些工作则需要硕士学位。软件工程师的薪水主要看个人的经验、教育程度和技能。2008年，软件工程师收入中等人群的年薪在85 000～92 000美元之间，软件工程师收入最高人群的年薪在136 000美元以上。

第二，系统分析师。2008年，美国系统分析师约有50多万人，大部分雇主希望雇用的系统分析师具有学士学位，专业为计算机科学、信息科学或工程学，而有的雇主则喜欢雇用信息系统管理专业的毕业生。硕士学位在就业市场上更具竞争力，然而这种工作也相当看重一个人的能力和工作经验。大学毕业生的起薪为45 000美元，有经验的系统工程师中位年薪为76 000美元，收入最高人群的年薪在118 000美元以上。

第三，网络架构师。网络架构师也被称为网络系统和数据通信分析师。网络架构师被视为美国职业中增长最快的职业之一。网络架构师一般工作时间也较长，2008 年，美国有 16% 的网络架构师每周工作超过 50 个小时。

从事网络架构师职业需要大学本科毕业，计算机科学、信息技术或信息系统管理专业都可以。而在一些大的公司，雇主更喜欢雇用商学院信息系统管理专业的硕士毕业生。网络架构师收入最低人群的年薪在 42 000 美元以下，收入中等人群的年薪为 71 000 美元，收入最高人群的年薪在 110 000美元以上。

第四，环境科学技术员。随着美国对环保的要求越来越高，环境科学技术员的需求量也水涨船高。2009 年，美国共有 3.5 万名环境科学技术员，大部分是在州和地方政府工作。从事环境科学技术员职业并不需要大学毕业，一般大专毕业或是获得应用科学证书的人即可胜任。2008 年，环境科学技术员收入最低人群的年薪为 26 000 美元，收入中等人群的年薪为 40 000 美元，收入最高人群的年薪为 65 000 美元。

第五，水文学者。从事水文工作最低要求大学本科毕业，但从事研究的机构大部分雇用有硕士学位的人。水文学专业在美国比较少，如果学习环境科学、地球科学或侧重在水文的工程专业也可以加入这一行业。2008 年，美国共有 8 100 人从事水文学相关工作，水文学者收入最低人群的年薪为 44 410 美元，收入中等人群的年薪在 54 910 ~ 89 200 美元之间，收入最高人群的中位年薪为 105 010 美元。

第六，环境工程技术员。美国就业市场对环境工程技术员的需求量稳步增长，从事环境工程技术员职业同样不需要大学本科毕业，只要有工程技术的大专学历即可，但他们必须选修环境法规和安全处理危险物品的课程。2008 年，环境工程技术员收入最低人群的年薪为 26 000 美元，收入中等人群的年薪为 41 000 美元，收入最高人群的年薪为 68 000 美元。

第七，土木工程师。土木工程师所从事的工作范围很广，住宅、楼房、公路、桥梁、机场、电站、污水处理厂等的设计和建造，都离不开土木工程师。从事土木工程师职业最低要求是土木专业的大学本科毕业，许多雇主要求被雇佣人员通过专业考试并获得执照。2009 年，土木工程师收入最低人群的平均年薪为 49 620 美元，收入中等人群的平均年薪为 76 590 美元，收入最高人群的平均年薪为 118 320 美元。

第八，气象学家。如今世界气候不稳定，不是全球变暖就是山崩地裂，所以研究气候的人也就有了用武之地。美国的国家气象局广纳贤士，超过三分之一的气象学家在政府机构任职。想从事气象学家工作的最低要求是大学本科毕业，专业最好是气象学，而且还要有一定的大学物理学基础，在这一行业有很多人获得硕士和博士学位。气象学家的中位年收入是81 000美元，大学毕业生的起薪为35 000 美元，收入最高人群的年收入在127 000 美元以上。

医疗保健领域最容易就业的九种职业

在美国经济衰退时，很多行业都面临裁员的问题，而医疗保健领域则是逆势而上，扩大了就业机会。医疗保健领域需要的人才面很广，不同能力、不同教育背景的人都有机会加入这一行业，有的职业对教育程度要求很高，有的职业也可以接受高中学历。从 2010 年起，数以百万计的婴儿潮时代出生的人开始进入退休阶段，他们对医疗保健的需求形成了一个庞大的市场。下面是医疗保健领域最容易就业的九种职业。

第一，X 光技师。X 光技师因需要与放射线打交道，过去属于高风险的医疗职业。如今随着新型设备的采用，放射线对操作人员和病人的危害已大大降低。2008 年，美国共有 21.5 万 X 光技师，未来几年这一职业的增长率为 17%。

从事 X 光技师工作不需要大学毕业。当然如果想以后升迁至管理者也就是领导的职位，那最好是大学毕业，研究生毕业就更好。2008 年，X 光技师的中位年薪为 51 210 美元，收入最高人群年薪在 75 000 美元以上。

第二，兽医。美国人喜欢养猫、狗等宠物，所以在美国兽医这一职业不可或缺。美国目前有多少兽医呢？劳工部的统计数字是 6 万名，私人行业的统计数字是 9 万名，未来几年还需要近万名兽医才能满足市场需要。美国想学兽医专业的人很多，但大学开设这一专业的并不多，每年大学录取的兽医专业学生人数不到 3 000 人。

在美国当兽医比当医生还有难度，能当兽医的人需要在兽医学院获得博士学位，全美只有 28 所大学有兽医学项目，录取率为 33%。2008 年，兽医的中位收入为79 000美元，收入最高人群的年薪在143 000美元以上。初进这行业的起薪低的为41 000美元，高的为65 000美元。

第三，医疗系统实验室技术员。实验室技术员堪称医疗行业的无名英雄，他们提供的数据将是医生诊断病情的重要依据。到2018年，实验室技术员这一职业的需求量预计会比2008年增加16%，就业前景可谓不错。从事实验室技术员职业最大的好处是教育成本低，只要大专毕业或有相关项目的证书就可以。实验室技术员的收入在医疗行业不算高，但与教育成本相比也还划得来。2008年，医疗系统实验室技术员的中位收入为35 000美元，而高收入者的年薪可达54 000美元。

第四，理疗师。理疗师这一职业在美国的需求量很大，未来几年就业市场将会新增加5.6万个就业机会，增长率为30%。从事理疗师这一职业至少需要硕士学位，更多的理疗师则具有博士学位。2008年，理疗师的中位年薪为72 000美元，收入最高人群的年收入在100 000美元以上。

第五，眼科医生。美国眼科医生不同于一般医学院毕业的医学博士，而要从专门的眼科学院获得眼科医学博士学位。未来几年美国预计会新增8 500个眼科医生的职位，增长率为24%。眼科医生很多是自己开业，而收入也会随着从业时间的增长而不断增加。

美国目前只有20所大学有眼科专业，因此，想从事眼科医生这一职业，在接受教育时竞争就十分激烈。根据美国眼科学院协会的统计，眼科学院本科学生至少要在下列课程上选修一年。这些课程包括生物、化学、有机化学、物理学、微生物学、英语、大学数学、其他的社会科学和人文科学课程。2008年，眼科医生的中位年薪为96 000美元，收入最高人群的年薪在166 000美元以上。

第六，理疗师助理。理疗师助理的工作虽然是协助理疗师帮助病人康复，但个人的工作经验和技能也很重要。未来几年美国预计会新增2.1万个理疗师助理的职位，增长率为33.3%。想从事理疗师助理这一职业，至少需要大专毕业，有的州还要求理疗师助理获得心肺复苏急救证书。2008年，理疗师助理的中位年薪为46 000美元，收入最高人群的年薪在63 000美元以上。

第七，牙科技师。牙科技师是牙医的重要助手，像洗牙、牙齿照相等牙齿保健事项都是牙科技师最常见的工作。2008年，美国共有17.4万名牙科技师，未来几年市场上从事牙科技师工作的人员将会增加到23.7万，增长率为36%。从事牙科技师职业一般需要大专毕业并获得从业执照。牙科技师往往按小时付工资，收入低的牙科技师每小时工资约为21美元，高的每小时为44美元，中等收入每小时为32美元，牙科技师的中位年薪为66 000美元。

第八，校园心理学者。美国的大中小学都会有心理辅导员，他们虽然不教书育人，却在学生成长过程中起着一种特殊的作用。同时在医疗系统、咨询行业，心理学者也有机会发挥自己的专长。未来几年社会对心理学者的需求量将会增加11%，尤其是在学校，心理学者就业的机会更多。从事心理学者职业需要较高的教育背景，大多数州对从事校园心理学者这一职业的要求是获得校园心理学特殊学位，这需要3年的研究生学习和1年的实践，而一些校园心理学者则具有博士学位。2008年，校园心理学者的中位年薪为64 000美元，收入最高人群的年薪在107 000美元以上。

第九，伤残病医师。伤残病医师的主要工作是协助伤残病人恢复自理。美国目前约有10.5万名伤残病医师，未来几年美国对伤残病医师的需求量将会增加26%。从事伤残病医师这一职业至少需要硕士学位，甚至是博士学位。2008年，伤残病医师的中位年收入为66 000美元，收入最高人群的年薪在98 000美元以上。

民生领域最容易就业的九种职业

如果你喜欢与人打交道，对社会服务工作有兴趣，那么这一领域就有不少职业可能适合你。虽然这些职业的收入并不是很高，但对社会而言却很有价值。

第一，消防员。大家知道这一职业有危险性，认为找这样工作的人可能会很少。但恰恰相反，在美国，消防员的工作竞争很激烈。这主要是因为消防员这一职业是由政府资助的，所以非常稳定，而且福利也非常好。

在美国从事消防员职业一般只需要高中毕业，但由于竞争激烈，大专或大学毕业生会在就业中占有优势。如果想得到升迁，担任消防站站长以上的管理职位，恐怕要拥有火势科学或公共管理学士学位。在一些大城市，消防部门的高层管理者需要硕士学位。消防员的中位年薪为44 000美元，担任高层管理人员的年薪在60 000～105 000美元之间。

第二，仲裁人。仲裁人的工作是调解纠纷并息事宁人，也就是当个“劝架的第三者”。未来几年美国预计会新增1 400个仲裁人的职位，增长率为14%。从事仲裁人这种职业需要获得州的执照，许多仲裁人拥有法学学士学位。2008年，仲裁人的中位年薪为50 000美元，收入最高人群的年薪在104 000美元以上。

第三，牧师。美国信教的人很多，像婚丧嫁娶这样的活动都会由牧师来主持。牧师除了传教外，也做一些人的思想工作，慰藉人的心灵。2008年，美国有67万名牧师，未来几年牧师的需求量还会增加13%。2008年，牧师的中位年薪为41 000美元，收入高的牧师年薪为75 000美元。

第四，城市规划师。城市规划师也被称为城市美容师。2008年，美国共有城市规划师3.8万人，未来几年将会增加到4.5万人，增长率为18%。

从事城市规划师这一职业需要城市规划硕士学位。2008年，城市规划师的中位年薪为59 000美元，城市规划师收入最高人群的年薪在91 000美元以上。

第五，特殊教育教师。特殊教育教师的工作主要是让那些残疾儿童也能接受正规的教育，所以这一职业需要教师不仅拥有丰富的专业知识，而且还要有爱心。未来几年美国小学和学前班将会新增加4.4万名特殊教育教师，增长率为20%，初中特殊教育教师的需求量将增加18%，高中特殊教育教师的需求量将增加13%。

从事特殊教育教师这一职业需要获得特殊教育教师证书，有的州要求特殊教育教师是大学毕业生并经过特殊教育的培训，有的州则需要特殊教育教师获得硕士学位。小学和学前班特殊教育教师的中位年薪为50 000美元，中学特殊教育教师的中位年薪为51 000美元。

第六，法庭速记员。美国官司多、律师多，法庭速记员也必不可少。法庭速记员的工作之一是记录下法庭审理案件时每一方所说的每一个字，这是需要一定技能的。全美国现在有5万名法庭速记员，未来几年美国对法庭速记员的需求量将增加18%。法庭速记员需要经过专门的训练，并需获得专业证书。法庭速记员的中位年薪为49 000美元，收入最高人群的年薪在83 000美元以上。

第七，医疗、公共卫生社会工作者。医生的职责是治病救人，医疗、公共卫生社会工作者的职责是从心理情感上抚慰病人，帮助他们解决医疗健康方面的一些法律、经济问题，并提供必要的服务。2009 年，美国有 13.9 万人从事医疗、公共卫生社会工作者职业，未来几年还会增加 3.1 万人，增长率为 22%。从事医疗、公共卫生社会工作者这一职业需要社会工作专业大学本科毕业，在医疗领域工作的社会工作者一般需要社会工作专业硕士学位。2009 年，医疗、公共卫生社会工作者的中位年薪为 45 000 美元，收入最高人群的年薪在 70 000 美元以上。

第八，紧急救助管理人员。紧急救助管理人员的日常工作是制订灾难救援方案、训练紧急救助人员以及与各级紧急事务处理部门进行沟通。这一职业大多是在政府部门任职，军队、执法部门、州和地方政府是紧急救助管理人员最大的雇主。未来几年美国预计会新增加 2 800 个紧急救助管理人员职位，增长率为 22%。

从事紧急救助管理人员职业需要大学本科毕业，在政府部门工作则需要获得全国灾难处理系统颁发的资格证书。2008 年，紧急救助管理人员的中位年薪为 50 000 美元，收入最高人群的年薪在 80 000 美元以上。加州、马塞诸塞州、罗得岛州是美国紧急救助管理人员收入最高的州，紧急救助管理人员的平均年薪为 73 000 美元。

第九，婚姻家庭医疗师。家庭、婚姻是人类永恒的话题，而婚姻家庭医疗师的工作就是发现人们在处理家庭和婚姻问题时出现的心理和精神问题。在所有针对家庭和婚姻的职业，如社会工作者、精神病护理人员、心理学家和精神病学家中，婚姻家庭医疗师被视为是最核心的精神健康职业。目前美国有 180 万名婚姻家庭医疗师，未来几年美国对婚姻家庭医疗师的需求量将会增加 14%。从事婚姻家庭医疗师这一职业，需要获得硕士或博士学位。2008 年，婚姻家庭医疗师的中位年薪为 45 000 美元，收入最高人群的年薪在 71 000 美元以上。

金融商业领域最容易就业的八种职业

美国经济危机中，金融行业首先遭遇风暴，但金融业的复苏速度比其他行业要快。以下是2010年美国金融商业领域就业机会较好的八种职业。

第一，职业培训专家。作为职业培训专家，更多的是培训和提高企业管理者的管理技能和方法，训练管理者与员工和他人沟通、交往的技能。职业培训专家的工作也包括训练企业新员工、培训员工掌握新的技术。2008年，美国的职业培训专家共有50 500人，主要是在私人公司工作。职业培训专家中有很多人在职业发展中会慢慢升迁至企业的人力资源管理部门主管，有的甚至成为企业负责人力资源的总裁。

从事职业培训专家这一职业，对学历的要求有高有低，但基本上都要求大学毕业且专业是人力资源管理。美国职业培训专家的中位年薪为51 450美元，收入最高人群的年薪在85 160美元以上。

第二，财务顾问。财务顾问不同于会计师、金融分析师，他们提供的服务项目很广，包括预算、税务、投资和不动产等。财务顾问的职业发展之路也相当宽广，可以在大的财务公司就职，也可以在小公司谋职，更可以自己做老板，独闯天下，目前美国的财务顾问有30%是自立门户的。财务顾问工作很多时候与律师和会计师合作，但律师特别是会计师如果获得财务顾问执照，也可以摇身一变成为财务顾问。财务顾问是美国未来10年市场需求量增长最快的职业之一，不过由于网络资讯的发达，很多民众现在已不再单纯地依赖财务顾问来为自己出谋划策。从事财务顾问职业最低要求大学本科毕业，如果有更高学位，在市场上也会更有竞争力。在财务顾问提供服务的不同领域，都有专业执照的具体要求。

第三，市场研究分析师。市场研究分析师顾名思义就是研究人们的消费心理，使公司的产品容易卖出去的职业。他们会对市场进行调查，分析收集到的数据，并提出市场行销建议。优秀的市场研究分析师就是公司老板的高参和军师，对企业产品占领市场起着关键的作用。2008 年，美国共有市场研究分析师 25 万人，未来几年还会增加 5～6 万人。

从事市场研究分析师职业至少需要大学本科毕业，如果拥有硕士或博士学位，就会在就业市场上更具竞争力。想从事市场研究分析师职业的人，如果具有数学、统计学、民意调查和计算机科学的教育背景，在求职上会更有优势。美国市场研究分析师的中位年薪为 61 070 美元，收入最高人群的年薪在 112 410 美元以上。

第四，贷款员。在美国买房、买车、供子女上大学、企业发展等都需要向银行贷款，这就催生了贷款员这一职业。从另外一种意义上说，贷款员也是推销员，他们的工作是为银行推销贷款，民众也是通过他们来向银行借款的。从事贷款员这一职业有个好处，即不需要大学毕业，只要脑瓜灵、肯学，关键还要有个三寸不烂之舌就行。贷款员通常要经过工作实践的培训，也就是学中干、干中学。不过要从事商业贷款员职业至少需要大学本科毕业，而且专业最好是金融或经济学。2009 年，美国贷款员的中位年薪为 54 700 美元，不过贷款员的年薪可高可低，低的年薪为 30 000 美元，高的年薪为 107 000 美元。

第五，公共关系专家。公共关系专家的职责是替政府部门、公司树立形象、处理危机、处理有关公关的事宜。从事公共关系专家职业的人大部分是本科毕业，具有大众传媒、记者、公共关系专业的训练背景，而公司雇用的公共关系专家还比较强调要有本行业的专业知识和背景。2008 年，美国公共关系专家的中位年薪为 51 300 美元，收入最高人群的年薪在 98 000 美元以上。

第六，成本评估师。做生意要赚钱，赔本的生意没人干，这是小孩子都懂得的道理，所以成本评估师对企业就很重要了。

成本评估师的工作并不是那么好干，评估成本要考虑很多因素，比如材料、人工、转包、保险、税收，有时还要考虑天灾人祸。从事成本评估师这个职业最好是大学毕业，但大学里又没有成本评估这一专业，所以具有数学背景就很重要。在建筑业担任成本评估师，最好是学建筑管理、建筑科学的。在制造业担任成本评估师，最好是学数学、统计学或工程学的。2008 年，美国成本评估师的中位年薪为 56 510 美元，收入最高人群的年薪在 98 500 美元以上。

第七，会议策划人。全球经济的一体化也促使商业界的会议变得全球化，很多公司要举办产品展销会、经济合作会议，而这种会议就得有人来运筹帷幄。如今经济不景气，企业预算减少，想参加会议的人也越来越少，如何吸引企业参加会议，就得看会议策划人的水平了。

从事会议策划人职业需要大学毕业，有的大学设有会议管理专业，不过大部分会议策划人是在实践中磨炼出来的。2008 年，美国会议策划人的中位年薪为 44 260 美元，收入最高人群的年薪在 75 000 美元以上。

第八，后勤管理者。有句俗语叫做“兵马未动，粮草先行”，而这管粮草的部门就叫做后勤部。如今做生意就如同打仗，所以后勤部门也成了企业必不可缺的部门。此外，后勤部门还有一个光荣的任务，就是要降低产品生产成本，好让公司能够多赚钱。

从事后勤管理者职业需要大学毕业，而且专业最好是工商管理、供应链管理、工艺工程学、工业工程学。如果想要在职业生涯中得到升迁，获得工商管理硕士学位会更有利。美国后勤管理者是企业中重要的管理人才，而且能为企业省钱并达到赚钱的目的，所以薪水待遇自然也不错。2008 年，初进后勤管理者这一行的年薪为 40 000 美元，而全美后勤管理者中位年薪为 66 500 美元，收入最高人群的年薪在 250 000 美元以上。

服务领域最容易就业的八种职业

有些服务类职业人们很熟悉，而且也是人们日常生活离不开的，一般这些职业市场的需求量较大，而且对教育程度的要求也并不高，进入这些行业的门槛也比较低。下面是 2010 年美国服务领域最容易就业的八种职业。

第一，商业飞机驾驶员。做一名飞机驾驶员需要一定的航空和飞行知识及技能，同时还需要积累相当多的飞行驾驶经验。目前美国的商业驾驶员约有 3.6 万名，在未来几年还需要 7.3 万名。

想从事商业飞机驾驶员职业，需要有大学毕业文凭。在大型客机或货机担任驾驶员需要获得由航空管理局核发的商业驾驶员执照。2006 年，美国商业飞机驾驶员的中位年薪为57 480美元。

第二，技术写手。现代的科技产品越来越多，而消费者也需借助产品说明书来了解产品的性能或用法。撰写产品说明书的这些人就被称为技术写手，技术写手不同于作家或记者，他们的首要任务是将那些技术性强、令人难懂的词句转换成消费者易懂的文字和语言。技术写手可以在很多行业找到合适的工作，像工程行业、科学行业、医疗保健行业、软件行业、制造行业等。

技术写手需要大学毕业，而且需要有一些专业领域的知识和背景，当然，大学所学专业是大众传媒、新闻和英语的人在就业时会比较有优势。2008年，美国技术写手的中位年薪为61 620美元，收入最高人群的年薪在97 460美元以上。

第三，殡仪馆主管。殡仪馆主管负责与家属沟通、安排死者的葬礼、在报纸上刊登讣告、定购鲜花、为参加葬礼人员安排交通运输工具等。而殡仪馆主管还有一项更重要的任务，那就是对死者尸体进行防腐处理，虽然并不一定每一个殡仪馆主管都是防腐专家，但绝大多数殡仪馆主管都拥有这方面的专长。此外，殡仪馆主管有很多是修容专家，他们通过对死者的面容进行修整，使死者在离开人间的最后时刻也能保持尊严。殡仪馆主管接受的教育课程与一般大学专业也有很大的不同，他们必修的课程不仅包括尸体防腐和伤痛咨询服务，还包括商业管理、会计甚至法律。2008年，美国殡仪馆主管的中位年薪为52 210美元，收入最高人群的年薪在92 940美元以上。

第四，保全系统安装工。美国大部分保全系统和防火警报系统的安装工主要为调查公司、保全公司和建筑设备合同商工作，除了安装相关的设备外，他们还需要对设备进行故障修理、测试和维护。从事保全系统安装工职业对学历要求不高，但需要有电子方面的基础知识。2008年，美国保全系统安装工的中位年薪为36 660美元，收入最高人群的年薪在58 000美元以上。

第五，园林设计师。园林设计师的工作是与花草树木打交道，但又不仅限于此。园林设计师工作的一部分也包括与建筑师合作，在一项建筑动工前规划最佳的建筑地点、道路、喷泉、花圃和树木。环境保护是园林设计师越来越重要的一项工作，因此，很多时候园林设计师还要与环境科学家和森林学者沟通，同时还要了解政府的相关法规。从事园林设计师职业最好是从大学园林设计专业毕业或是获得园林设计的硕士学位，同时要通过相关的专业考试。2008 年，美国园林设计师的中位年薪为 58 960 美元，收入最高人群的年薪在 97 370 美元以上。

第六，电影电视编辑。电影电视编辑职业在许多人眼中是一个很不错的职业，既有娱乐性，又可以和明星打交道。电影电视编辑是一种竞争很激烈的职业，美国是电影和电视业很发达的国家，但这一行业人才很多，只有那些技术非常高超的人才能在这一行获得高薪。

大部分雇主会雇用大学本科毕业生，而且是那些目光敏锐、有想象力和创造力的毕业生。美国电影电视编辑的中位年薪为 50 560 美元，收入最高人群的年薪在 100 000 美元以上。

第七，多媒体艺术家。多媒体艺术家是最富有想象力的职业之一，我们所看到的电影、儿童喜欢的电子游戏、五彩缤纷的广告、网页设计，甚至是动画，都离不开多媒体艺术家的创作。从事多媒体艺术家职业一般要求大学本科毕业，还要有艺术和设计的功底，也要熟悉计算机和相关软件。2008 年，多媒体艺术家的中位年薪为 56 330 美元，一般刚从事多媒体艺术工作的人年薪为 31 570 美元，收入最高的多媒体艺术家的年薪为 100 390美元以上。在电影业，多媒体艺术家的平均年薪为 71 910 美元，在广告业工作的多媒体艺术家平均年薪为 57 740 美元。

第八，水管工。水管工在美国可是一个收入很不错的技术职业。从事水管工职业对学历的要求不高，很多人只要经过岗位培训就可上岗。美国水管工的中位年薪为 45 640 美元，收入最高人群的年薪在 79 000 美元以上。

第五章

工作、收入，前途与“钱途”

□本章导读

经过 12 年的普通教育和 4 年的大学教育，漫长的 16 年学习生涯最终换来的绝不仅仅是一纸文凭。学子从走上社会、开始工作那天起就成为劳动力大军的一员，就会按照自己所接受的专业教育和运用所掌握的专业技能为社会的发展作出自己的贡献。对于个人而言，一份理想的工作、一份优厚的工资待遇将会奠定生活的基础。什么是最好的工作，这里没有统一的标准。在美国人心目中最好的工作是具有挑战性、能带给人们激情、有弹性和稳定性的工作。找到一份工作很难，而能有一份自己满意又理想的工作更难，如果要找到上述所讲的那类具有挑战性、能带给人们激情、有弹性和稳定性的工作则更是难上加难。职业有金领、白领、绿领和蓝领之分，但哪一种工作最适合自己、最能发挥自己的才能，则要看每一个人自己的感受和追求。教育程度的高低会直接影响一个人收入的多少，而不同职业、不同工作在收入上的差异也会影响一个人的经济地位。能赚大钱的工作是人们心目中的理想工作，不能赚大钱的工作也可能成为人们心目中的理想工作。这关键取决于一个人如何看待自己所从事的工作。

——作者手记

美国人心目中最好的十种职业

人们在找工作时，都会思考什么类型的工作最好，而个人又能找到什么样的好工作。在经历30年来最糟糕的就业环境之时，很多人会觉得美国民众目前最关心的就是有一份工作并且能够保住这份工作。其实不然，由美国有线电视新闻和薪水衡量网站所做的调查显示，美国人心目中最好的工作是具有挑战性、能带给人们激情、有弹性和稳定性的工作。根据这些标准，我们看一下美国人心目中最好的十种职业。

第一，系统工程师。系统工程师的就业领域从航天工程、国防工程迅速扩展到医疗设备制造以及其他工业领域。顶尖的系统工程师收入突破6位数并不是难事，而且升迁的机会也较多。不过大部分系统工程师喜爱这份职业是因为工作具有创造性，他们的工作成果会惠及人们的生活。

系统工程师职业最大的缺点是工作时间长，而且压力非常大。想从事系统工程师这一工作，最低要求是获得工程学士学位，有的工作岗位则需要从业人员获得系统工程师的职业证书。系统工程师的中位年薪是87 100美元，顶尖系统工程师的年收入可达130 000美元。2008年美国的系统工程师有8.8万人，预计未来几年系统工程师的需求量会增加45%。

第二，医师助理。医师助理主要是在医生的指导下，从事各种类型的医疗服务工作，包括对病人病情的诊断和参与手术，有的州医师助理还可以开处方药。

医师助理所承担的医疗责任不如医生大，同时对其学历要求也不如医生高。医师助理一般只要求有医学硕士学位即可，每两年要接受100小时的专业训练。由于这是一个新兴的职业，因此每年新雇佣的人数并不多。有经验的医师助理的中位年薪为90 900美元，顶尖的医师助理年收入可达124 000美元。2008年美国的医师助理有8.2万人，预计未来几年医师助理的需求量会增加39%。

第三，大学教授。担任大学教授最好的一点就是工作时间比较灵活，而且还有寒暑假，一年实际工作时间只有 9 个月。

在 4 年制大学，要想成为终身教授，竞争十分激烈。不过在社区学院，得到教授职位却并不难，而且也不一定要有博士学位，但收入要比 4 年制大学教授低很多。在美国大学要想成为终身教授，必须要有博士学位，在社区学院则需要有硕士学位和大量的教学经验。

第四，护理医生。护理医生的工作除了常规的照顾病人外，接受过高级护理训练的护理医生还可以对病人的病情进行诊断和治疗，甚至可以开处方药。

护士职业是美国需求量最大的职业之一，但从事护士职业首先要通过护士资格考试，高级护士则需要硕士学位和专业证书，而且现在要求护理博士职业学位的情况也越来越多。有经验的护理医生中位年薪为 85 200 美元，顶尖的护理医生年收入可达 113 000 美元。2008 年美国的护理医生有 2.3 万人，预计未来几年高级护士的需求量会增加 23%。

第五，信息技术项目经理。通常担任信息技术项目经理的人要有 5～7 年的计算机技术经验，拥有项目经理专业证书和 MBA 学位的人，将会在这一领域发展得更快。有经验的信息技术项目经理中位年薪为 98 700 美元，顶尖的信息技术项目经理年收入可达 14 万美元。2008 年美国的信息技术项目经理有 17.4 万人，预计未来几年信息技术项目经理的需求量会增加 16%。

第六，会计师。在美国，不论是私营公司、企业还是政府机构都离不开会计师，而且会计师也是与民众生活关系密切的一种职业，企业每年的报税季节和个人的投资理财都会请会计师来处理。美国会计师的最基本要求是大学本科毕业、通过会计师资格考试并有一定时间的工作经验。有经验的会计师中位年薪为 74 200 美元，顶尖的会计师年收入可达 138 000 美元。

第七，理疗师。与其他类别的医生有些不同，理疗师治疗病人最容易看到效果，这也容易让理疗师产生荣誉感。从事理疗师这一职业，需要硕士学位和职业证书、州的行业执照。现在，越来越多的雇主愿意雇用拥有理疗博士学位的人。有经验的理疗师中位年薪为 74 300 美元，顶尖的理疗师年收入可达 98 100 美元。2008 年美国的理疗师有 18.1 万人，预计未来几年理疗师的需求量会增加 27%。

第八，计算机、网络安全顾问。计算机和网络的普及，使计算机和网络安全成为公司、政府机构十分关心的一个问题。计算机、网络安全顾问的收入不低，但压力也大。从事计算机、网络安全顾问这一职业，最低的要求是大学计算机科学专业毕业和信息系统安全职业证书。从事这一职业，经验很重要，大多数公司雇用计算机、网络安全顾问需要其有 5 年以上的经验。

有经验的计算机、网络安全顾问中位年薪为 99 700 美元，顶尖的计算机、网络安全顾问年收入可达 152 000 美元。2008 年美国的计算机、网络安全顾问有 1.3 万人，预计未来几年计算机、网络安全顾问的需求量会增加 27%。

第九，情报分析专家。情报分析专家主要是在政府部门工作，收集和分析国际政策、军事战略等信息。

有经验的情报分析专家中位年薪为 82 500 美元，顶尖的情报分析专家年收入可达 115 000 美元。2008 年美国的情报分析专家有 5.1 万人，预计未来几年情报分析专家的需求量会增加 15%。

第十，销售主管。最能为公司赚钱的人，恐怕就是老板最喜欢的人，而销售主管就属于这类人。担任销售主管的人，学历似乎不是最重要的，关键是要有能力把公司的产品卖出去。通常一个公司的销售主管要有 10 年的销售经验和至少 1 年的管理经验。

有经验的销售主管中位年薪为 140 000 美元，顶尖的销售主管年收入可达 239 000 美元。2008 年美国的销售主管有 9.7 万人，预计未来几年销售主管的需求量会增加 10%。

什么行业的人最喜欢自己的工作

美国民意调查公司盖洛普公司在一项针对“什么是美国人心目中最理想的职业”的调查中发现，70% 的受访者认为他们目前所从事的职业是理想的，当然也有 29% 的受访者对他们目前所从事的工作不满意。对不同行业民众的调查也可以看出，在一些行业，民众对其所从事的职业满意度很高，有的行业则民众满意度很低。这里涉及的因素包括收入、工作环境、工作特性、对文化程度的要求等。美国的业主也就是老板对自己工作的满意度最高，达到 87%，这也是将所从事职业视为最理想工作比例最高的人群。

能赚大钱的工作是人们心目中的理想工作，但不能赚大钱的工作也可以成为人们心目中的理想工作。在农、林、渔行业，82% 的受访者认为自己所从事的工作很理想。美国早进入了工业化社会，农、林、渔行业从业人员的收入在美国各个行业中属于最低的行业之一，但为什么还有八成以上的受访者喜欢这一职业呢？农、林、渔行业从业人员的工作与大自然密不可分，这个行业也是美国人心目中工作环境最好的行业。尽管是同土地、牛羊打交道，但如果每天工作开心，钱少一些也会很高兴。而且这个行业的从业人员生活的地方大多远离城市，物价和消费水平比城市低，这也在一定程度上弥补了收入少的缺陷。

当然，在美国当老板和当农民的人毕竟不是大多数，美国就业人员最多的一个行业是职业性行业，这个行业包括律师、医生、教师、会计师、审计师等。这个行业人群对职业的满意度也很高，79% 的受访者认为自己的工作很理想。职业性行业从业人员被誉为美国白领中的金领，他们大多接受过最高程度的教育，家庭年收入一般在 10 万美元以上，而且工作既有挑战性又有弹性。

对于理想职业的感受和看法，在不同教育程度的人群中有一定的差异。77% 硕士以上文化程度的人认为自己所从事的职业很理想，72% 高中毕业的人认为自己所从事的职业很理想，72% 大学毕业的人认为自己所从事的职业很理想，70% 高中以下文化程度的人认为自己所从事的职业很理想。比较引人注目的是高中以上、大学以下文化程度的人对自己所从事的工作满意度的比例最低，63% 的人认为自己所从事的职业很理想，37% 的人认为自己所从事的工作不理想。这部分人接受的教育不高也不低，有高中文凭却没有大学文凭，所从事的工作也只能是在蓝领和白领之间，工作不好不坏，收入不高不低。

从调查中还可以发现，人们对职业的喜欢和满意程度与这一职业的收入有一定关联，不同职业收入上的差异也会影响人们对所从事职业的满意程度。在家庭年收入 12 000 美元以下的受访者中，只有 57% 的人认为自己的工作很理想；家庭年收入 12 000 ~ 39 999 美元的人群中，60% 的人认为自己目前所从事的职业很理想；家庭年收入24 000～47 999美元的人群中，68%的人认为自己目前所从事的职业很理想；家庭年收入48 000～59 999美元的人群中，73%的人认为自己目前所从事的职业很理想；家庭年收入60 000～89 999美元的人群中，73%的人认为自己目前所从事的职业很理想；家庭年收入90 000～119 999美元的人群中，75%的人认为自己目前所从事的职业很理想；家庭年收入120 000美元以上的家庭，77%的受访者认为自己目前所从事的职业很理想。这也如同人们常讲的多劳多得一样，同样的时间、同样的付出，获得的经济回报越高，人们就越会对这样的工作感到满意和喜欢。

不同年龄的人对自己所从事的工作满意度也有较大的不同，年轻人对自己所从事的工作不满意的比例最高，年龄越大对工作满意度的比例越高。在18～29岁的受访者中，有46%的人认为自己的工作不理想。这反映出年轻人更希望获得好的收入，改变自己的命运。所以在美国，年轻人跳槽的现象很普遍，跳一次槽涨一次工资，三跳两跳，工资就上去了。还有另外一种情形，自己在职场上缺少竞争力，对工作不满意但又无可奈何，所以只能凑合。在50～65岁的受访者中，有78%的人认为自己的工作很理想。而在30～49岁的受访者中，有70%的人认为自己的工作很理想，29%的人认为不理想。这个年龄段的一些人还是有机会转换职业道路的，虽然这要比29岁以下的人更困难一些。

美国白领职业收入状况

在观察美国民众收入状况时，一个有趣的现象就是，中产阶级的概念已经落伍，经济学家比较喜欢用的一个术语是“贫民富翁”。“贫民富翁”实际上指的是高级白领，这个群体所从事的职业需要拥有较高的职业教育或是学术教育背景，年收入在10万美元以上，工作40年，一生的收入所得超过400万美元。

“贫民富翁”阶层的产生与其所接受的高等教育是分不开的，同时，其所从事的职业对未来发展有着重要的影响。教育学家和经济学家都认为，教育程度往往决定一个人未来的经济地位，接受高等教育的人等于是把自己变成了一只会生金蛋的鸡。

如果光看行业的平均收入情况，还难以真正了解教育与收入之间的密切关系。因为每一个行业都会有不同教育程度的人群工作在其中，如果按行业人数平均，有些职业的高收入状况往往会淹没其中，使人无法看清楚中间的差异。下面我们看一下2009年美国一些高收入行业中不同职业的收入情况，这对了解美国社会各阶层民众的实际收入状况以及教育所产生的回报会更加有帮助。我们先看一下管理行业的状况。

管理行业共雇用6 116 380人，分成34种职业，整个行业雇佣人员的平均每小时收入为49.47美元，平均年收入为102 900美元。下表列举了管理行业10种管理职业雇佣人员数量及收入状况，从中可见，在市场经济下，高级管理人才是白领中的贵族，能够获得高薪者大多毕业于美国著名的商学院，可谓是美国商场上的佼佼者。

2009年美国管理行业主要职业收入状况

职业	雇佣人数	平均小时收入（美元）	平均年收入（美元）
总裁	297 640	80.43	167 280
总经理	1 689 680	53.15	110 550
市场拓展经理	169 300	57.73	120 070
销售经理	328 980	53.64	111 570
公关部经理	53 270	48.97	101 850
财务部经理	495 180	54.68	113 730
人力资源部经理	62 990	50.73	105 510
计算机部经理	287 210	58.00	120 640
工程部经理	178 100	59.04	122 810
自然科学经理	44 180	61.06	127 000

法律行业共雇用999 020人，分成9种职业，整个行业雇佣人员的平均每小时收入为46.07美元，平均年收入为95 820美元。

在这一行业平均收入最高的是律师，全美共有556 790人从事这一职业。他们的平均年收入为129 020美元。在美国当律师，除了要在大学学习8年之外，还要通过律师资格考试才能行业。律师读的博士学位被称为职业性博士学位，有别于一般的博士学位。在这一行业中，平均年收入最低的职业是律师事务所文员，全美共32 630人从事这一职业，他们的平均年收入为41 960美元。法官的收入相当可观，他们的平均年收入为103 990美元，全美共有26 350人从事这一职业。

医疗行业共雇用7 200 950人，分成53种职业，整个行业雇佣人员的平均每小时收入为33.51美元，平均年收入为69 690美元。如果从医疗行业从业人员的平均收入来看，似乎这一行业收入并不高，其原因主要是医疗行业从业人员数量较多，基数大，一平均下来就看不出“庐山真面目”了。不过美国收入最高的十几个职业基本上都来自医疗行业，从下表中我们可以看得很清楚，像外科医生、麻醉师、整形牙科医生、口鼻外科医生的平均年收入都在19万美元以上。甚至药剂师、验光师的平均年收入也都在10万美元以上，与管理行业的一些经理职业的收入不相上下。

2009年美国医疗行业主要职业收入状况

职业	雇佣人数	平均小时收入（美元）	平均年收入（美元）
牙科医生	86 270	75.41	156 850
口鼻外科医生	5 390	101.30	210 710
整形牙科医生	5 410	99.13	206 190
镶牙师	660	60.29	125 400
其他类牙科医生	5 010	73.83	153 570
验光师	26 480	51.42	106 960
药剂师	267 860	51.27	106 630
麻醉师	37 450	101.80	211 750
家庭和全科医生	99 000	81.03	168 550
内科医生	48 270	88.46	183 990
产科医生	20 380	98.31	204 470
儿科医生	29 460	77.60	161 410

（续上表）

职业	雇佣人数	平均小时收入（美元）	平均年收入（美元）
精神科医生	22 210	78.68	163 660
外科医生	44 560	105.66	219 770
其他类内外科医生	274 160	83.59	173 860
足病医生	9 720	63.33	131 730

管理、法律和医疗这三大行业是美国薪资最高的三大行业，这三大行业不仅是行业平均收入高，更关键的是美国的高薪阶层多来自这三大行业。从教育角度观察，这三大行业是高端人才聚集的行业。

美国是一个典型的商业社会，所以商业服务领域的就业人员不仅人数多，而且平均的收入也处于较高水平。商业金融行业共雇用 6 063 670 人，分成 31 种职业，整个行业雇佣人员的平均每小时收入为 31.68 美元，平均年收入为 65 900 美元。在这一行业中，收入最高的职业是家庭理财顾问，全美共有 149 460 人从事家庭理财顾问的职业，他们的平均年收入为94 180 美元。

中国有句老话“学会数理化，走遍全天下”，这说明在这些领域有才华的人可以到处找到“金饭碗”。美国计算机和数学行业共雇用 3 303 690 人，分成 16 种职业，整个行业雇佣人员的平均每小时收入为 36.68 美元，平均年收入为 76 290 美元。

2009 年美国计算机和数学行业主要职业收入状况

职业	雇佣人数	平均小时收入（美元）	平均年收入（美元）
计算机信息专家	26 130	50.66	105 370
计算机软件工程师	495 500	43.35	90 170
计算机系统软件师	385 200	46.45	96 620
计算机系统分析师	512 720	38.67	80 430
数据管理员	108 080	35.72	74 290
网络系统管理员	338 890	34.10	70 930

（续上表）

职业	雇佣人数	平均小时收入（美元）	平均年收入（美元）
网络系统分析师	226 080	36.81	76 560
其他计算机专家	195 890	37.50	78 010
精算师	17 940	46.85	97 450
数学家	2 770	45.16	93 920
运筹学分析师	60 960	36.23	75 370
统计师	21 370	36.16	75 220

有人说，现代社会什么行业都离不开，但人们最离不开的是工程师。美国工程行业共雇用2 412 730人，分成35种职业，整个行业雇佣人员的平均每小时收入为35.38美元，平均年收入为73 590美元。

2009年美国工程行业主要职业收入状况

职业	雇佣人数	平均小时收入（美元）	平均年收入（美元）
石油工程师	25 540	57.67	119 960
计算机硬件工程师	65 410	48.75	101 410
核工程师	16 710	48.25	100 350
太空工程师	70 570	46.29	96 270
化学工程师	29 000	44.07	91 670
农业工程师	2 620	35.89	74 640
生物医学工程师	14 760	39.69	82 500
土木工程师	259 320	39.03	81 180
电气工程师	151 660	41.47	86 250
电子工程师	135 990	44.01	91 540
环境工程师	50 610	38.82	80 750
健康安全工程师	24 070	36.45	75 810
工业工程师	209 300	37.06	77 090

（续上表）

职业	雇佣人数	平均小时收入（美元）	平均年收入（美元）
轮机工程师	5 270	38. 10	79 240
原料工程师	22 510	41. 18	85 660
机械工程师	232 660	38. 74	80 580
采矿地质工程师	6 310	39. 46	82 080
其他类工程师	159 680	43. 56	90 600

不论是科学领域还是社会领域都会有很多这样那样的“家”，而能够被称为“家”的职业，按道理应当收入不低。美国生命、物理和社会科学行业共雇用 1 308 380 人，分成 44 种职业，整个行业雇佣人员的平均每小时收入为 31. 57 美元，平均年收入为 65 660 美元。在这一行业平均收入最高的是物理学家，全美共有 13 630 人从事这一职业，他们的平均年收入为 111 250 美元。在社会科学行业，政治学家的平均收入最高，政治学家的平均年收入为 101 050 美元，全美共有 3 970 人从事这一职业。

2009 年美国生命、物理和社会科学行业主要职业收入状况

职业	雇佣人数	平均小时收入（美元）	平均年收入（美元）
物理学家	13 630	53. 49	111 250
天文学家	1 240	49. 40	102 740
生物化学家	22 860	42. 57	88 550
微生物学家	16 260	34. 61	71 980
大气和空间科学家	8 320	40. 94	85 160
化学家	79 910	34. 97	72 740
食品学家	10 790	30. 95	64 370
原料科学家	8 880	39. 59	82 350
地球学家	31 860	44. 57	92 710
政治学家	3 970	48. 58	101 050
经济学家	13 160	46. 31	96 320

（续上表）

职业	雇佣人数	平均小时收入（美元）	平均年收入（美元）
心理学家	10 260	40.49	84 220
社会学家	4 430	36.63	76 190
社会科学家	29 250	35.31	73 450
历史学家	3 620	27.09	56 350

商业金融行业、计算机和数学行业、工程行业、生命、物理和社会科学行业等行业的从业人员构成了美国白领阶层的主体，也是人们最常见的具有创意性的行业。这些行业从业人员的收入虽不如公司经理、医生和律师高，但在美国各行业和人群中已属于中上水平。这些行业的大部分职位需要至少是本科学士学位，而工程、计算机行业更是拥有大量获得硕士、博士学位的从业人员。

美国收入最高和最低的职业

虽然工作没有高低贵贱之分，但不同的职业在收入上还是会有很大的不同。在美国最新的一项调查中，餐饮业的服务人员仍然是美国薪水最低的阶层，而医疗领域仍然在美国工资最高的职业排行榜中占据优势。

如果了解了美国收入最高和收入最低的职业的情况，那么我们就会理解一个美国华人社区有关教育的最常见的现象，那就是不少华裔父母会千方百计地鼓励子女去学医。学不了医的，也希望女儿能嫁给医生。原因很简单，就如同银行有钱一样，医生这个职业在美国就是一棵摇钱树，在美国收入最高的十种专业性职业中，四种同医学相关。

由美国有线电视新闻和薪水衡量网站所做的调查，为我们揭开了美国收入最高的十种职业的面纱，这十种职业为：有价证券交易商，年收入为49.1万美元；麻醉师，年收入为40.8万美元；内科医生，年收入为33.8万美元；精神科医生，年收入为27.9万美元；保险经纪人，年收入为27.3万美元；律师，年收入26.2万美元；保险精算师，年收入为25.7万美元；销售主管，年收入为23.9万美元；个人财务顾问，年收入为22.6万美元；医院管理者，年收入为22.2万美元。上述所列的各类职业收入不是指该职业或行业的平均收入，而是指这些职业中最顶尖人才的收入。

艺术、设计、娱乐、运动和媒体行业是人们比较熟悉的行业。在这一行业，少数的娱乐和体育明星可以做到腰缠万贯，但从这一行业的总体收入状况来看，并不属于高收入人群比例很高的一个行业。这一行业共雇用180.4万人，分成41种职业，整个行业雇佣人员的平均小时收入为24.36美元，平均年收入为50 670美元。

在设计类的职业中，流行服装设计师的平均收入最高，他们的平均年收入为71 400美元，全美共有16 920人从事这一职业。在设计师职业中，平均年收入最低的职业是园林设计师，全美共有57 500人从事这一职业，他们的平均年收入为24 510美元。在设计师行业中，任绘图师的人数最多，全美共有20.9万人从事这一职业，他们的平均年收入为46 750美元。

大众传媒行业令人羡慕，但在这个行业，除了著名的主持人属于高薪阶层外，大部分媒体的职业收入并不高。例如全美有50 690人从事记者工作，他们的平均年收入为44 030美元。美国电台和电视台的主持人有37 290人，他们的平均年收入为40 410美元，与记者的收入差不多。编辑的工作收入比记者和电视台主持人稍微好一些，全美有11万多人从事新闻编辑工作，他们的平均年收入为57 180美元。

属于中等收入的行业还有社区和社会服务行业。这一行业共雇用超过186万人，分成17种职业，整个行业雇佣人员的平均小时收入为20.09美元，平均年收入为41 790美元。在这一行业中，平均收入最高的是教育、职业指导顾问，全美共有超过24万人从事这一职业，他们的平均年收入为53 540美元。平均收入最低的是社会、民众服务助理职业，全美共有超过33万人从事这一职业，他们的平均年收入为29 170美元。

美国薪酬最低的十种职业为：娱乐界的服务生，年薪为17 500美元；剧场带位员、酒店大厅接待员、剧场和体育场售票员，年薪为17 400美元；美容、理发店洗发员，年薪为17 300美元；洗碗工，年薪为17 000美元；地方政府的民选官员，年薪为16 900美元；快餐店厨师，年薪为

16 900美元；自助餐厅服务员，年薪为16 700美元；餐馆服务生，年薪为16 700美元；食品制作和服务人员，年薪为16 400美元；赌场发牌员，年薪为16 300美元。

餐饮业是美国雇佣人数最多的行业之一，但也是低收入人群最集中的一个行业。美国的低收入行业基本上是蓝领工作，这些行业的雇佣人数多，对就业人员的教育程度要求不高。在美国这类行业最典型的是餐饮业。餐饮业共雇用人员1 143万，平均小时工资9.72美元，平均年薪20 220美元。

在美国学历是与收入紧密相连的，学历越高，收入相对也越高。反之，观察美国收入最低的十种职业，它们的共同特点是从业人员最多只需要高中文化水平，有的甚至没文化也可以。从统计数据可以看出，高级的白领职业从业人员与最低的蓝领职业从业人员收入上的差距在十到二十倍之间。

美国各行各业对所需人才的接受教育程度有不同的要求，同时，由于接受教育程度的不同，也使人们在收入上出现很大的差距。从下表所列的美国22种行业的年收入情况，我们基本上可以对不同行业的收入状况有粗浅的了解。在收入差距的背后，反映的是教育的投入与产出。管理行业、建筑和工程行业、法律行业、医疗卫生行业、计算机行业、社会科学行业，从大类上分，皆可属于美国中上等和高收入的行业，这些行业也可称为白领行业，从业人员接受大学教育的比例较高。

相比之下，食品制作和服务行业、建筑和路面清洁行业、个人护理行业的从业人员多为高中文化程度的人群，其收入明显低于上面所介绍的管理等行业。为了便于对美国各行业从业人员的收入状况有个比较清楚的了解，下表中列举了2009年美国22个主要行业雇佣人数以及平均年收入的情况。由于每个行业都有高、中、低收入，每个行业从业人员的平均年收入只能反映出其收入的总体水平，而无法具体划分出不同收入人群的分布情况。对于一些职业的收入情况，读者也可以参考本书的有关章节，笔者对一些职业的收入情况有更加细致的介绍。

2009 年美国 22 种行业收入状况一览表

行业	雇佣人数	平均小时收入（美元）	平均年收入（美元）
所有行业	130 647 610	20.90	43 460
管理	6 116 380	49.47	102 900
商业金融	6 063 670	31.68	65 900
计算机和数学	3 303 690	36.68	76 290
建筑和工程	2 412 730	35.38	73 590
社会科学	1 308 380	31.57	65 660
社区和社会服务	1 891 320	20.55	42 750
法律	999 020	46.07	95 820
艺术、娱乐、媒体	1 745 670	24.87	51 720
教育、图书馆	8 488 740	23.81	49 530
医疗	7 200 950	33.51	69 690
医疗服务	3 886 690	12.84	26 710
安全、救护	3 172 420	20.07	41 740
食品制作和服务	11 218 260	10.04	20 880
建筑和路面清洁	4 269 480	12.00	24 970
个人护理和服务	3 461 910	11.87	24 680
销售	13 715 050	17.32	36 020
文员和管理助理	22 336 450	15.86	32 990
农、林、渔	419 200	11.53	23 990
建筑	5 751 630	20.84	43 350
安装、维修	5 114 150	20.30	42 210
制造业	8 927 130	16.01	33 290
运输业	8 844 700	15.47	32 180

2010 年美国最好、最差的十种职业

美国人将2009年称为凄苦的一年，失业率居高不下，找工作成了难题，所以不少美国人对2010年的期望是能有份稳定的工作。美国有关网站对200个行业进行调查后列举了2010年最好的十大职业和最糟的十种职业。2010年最佳职业由保险精算师拔得头筹，2009年美国最佳职业排名第一的数学家下滑到第六位。2010年美国最差职业是钻井平台工人，2009年美国最差职业则是伐木工。

这项调查依据5个方面的考量来评比2010年美国的最佳职业，包括工作环境、收入及收入前景、就业前景、对体能的要求和工作压力。工作压力的考察有21项内容，可见好的工作不单是收入高，而且压力也不能太大。

保险精算师的工作环境好，压力不大，就业机会属于中等。要想成为保险精算师，数学要好，而且要通过多项资格考试。

排在第二位的职业是软件工程师，软件工程师在所有职业中就业前景最好，中位年薪在200个职业中排在第23位，属于比较好的收入阶层。软件工程师的工作时间较长，压力也不小。在美国要想成为软件工程师，至少需要获得计算机科学学士学位。

排在第三位的是计算机系统分析师，计算机系统分析师的工作环境好、就业前景光明，在200个职业中就业机会排在第4位，中位年薪在200个职业中排在第32位。

排在第四位的是生物学家，生物学家的就业前景不错、收入也不低、压力小，但竞争比较激烈。

排在第五位的是历史学家，历史学家的工作环境好，研究过去肯定比琢磨现在要轻松，所以压力不大。

排在第六位的是数学家，数学家工作环境好、压力小，但数学家的职

位不多，因此，在就业上竞争很激烈。

排在第七位的是律师助理，2010 年律师助理的就业机会不错，在 200 个职业中就业机会排在第 21 位，收入也会增加。

排在第八位的是统计师，统计师的工作环境好、对体力要求低，这两项在 200 个职业中均排名第一。统计师的收入也算比较理想。

排在第九位的是会计师，会计师的工作环境好、2010 年就业机会较多，在 200 个职业中就业机会排名第 28 位。会计师不需要硕士或博士学位，其收入看起来也不错。

排在第十位的是牙齿保健师，2010 年牙齿保健师的就业机会较多，按照牙齿保健师只需要大专学历来看，其收入应当说还可以。

2010 年美国最差职业排名，钻井平台工人名列榜首，这一职业危险性比较高、工作环境差、压力大。钻井平台工人的起薪为 21 000 美元，中位收入年薪为 31 000 美元，高收入钻井平台工人年薪为 49 000 美元。最差职业第二名到第十名依次为：伐木工人、钢铁厂工人、奶牛场工人、电焊工、垃圾回收工、出租车司机、建筑工人、读表工、邮递员。

伐木工人长年在野外工作，危险性高、收入低。伐木工人的起薪为 22 000美元，高收入伐木工人年薪为 47 000 美元。在经济不好的时候，钢铁工人的失业率会上升，工作风险也较高。钢铁工人的起薪为 22 000 美元，高收入钢铁工人年薪为 49 000 美元。奶牛场工人就业机会好、失业率低，但工作时间长，对体能要求较高。奶牛场工人的起薪为 21 000 美元，高收入奶牛场工人年薪为 45 000 美元。电焊工的起薪为 23 000 美元，高收入电焊工年薪为 51 000 美元。垃圾回收工的起薪为 18 000 美元，高收入垃圾回收工年薪为 51 000 美元。出租车司机低收入者每年只能赚 16 000 美元，收入较高的出租车司机的年薪为 34 000 美元。建筑工人的起薪为 18 000美元，高收入的建筑工人年薪为 54 000 美元。读表工的起薪为 20 000美元，高收入读表工年薪为 54 000 美元。邮递员的起薪为 37 000 美元，高收入邮递员年薪为 52 000 美元。

就业市场投资回报率较高的十种职业

曾几何时，大学文凭是抵抗失业浪潮的一种保障，但此次的经济衰退使得大量的白领失业，这些工种全部都是要有高等教育文凭才能胜任的。而且，获得高学位并不能保证其一定能够进入高收入的阶层。

许多人在选择职业的时候并非将其期待的工资数额作为其投资于教育、培训和时间的依据。他们做出的决定主要依据的是他们个人的兴趣和激情。但目前的经济衰退使得许多富有幻想的人成为现实主义者。对那些希望从其所受教育中获取最大回报者来说，以下这些职业可以说是教育投资小，但回报率却不低。

第一，放射科治疗师。其最常见的是大专学历，平均工资为 72 910 美元。该职业在 2008—2018 年间估计会增长近 33%，因为放射治疗所取得的进步使得该种治疗变得更为安全，而且用途也更为广泛。放射科治疗师的高收入者年收入可超过 104 350 美元。

第二，口腔卫生保健员。其最常见的是大专学历，平均工资为 66 570 美元。口腔卫生保健员的职责是对患者进行牙龈检查、洗牙、做口腔 X 光检查，在有些州，该职业从业者可为患者注射麻醉药品。在美国有 301 家注册的口腔卫生保健员项目，它们可颁发相关的大专学历。该职业需要州政府颁发的学历才能够执业，因此，需要考试合格才能够获得执照。

第三，呼吸治疗师。其最常见的是大专学历，平均工资为 52 200 美元。2008—2018 年，该职业预计会增加 22%。呼吸治疗师负责为心肺疾病患者进行治疗，他们大多在医院工作。但现在有越来越多的呼吸治疗师到病人的家中提供服务，或到医疗器材公司或疗养院提供有关的服务。该职业可获得高薪的部分原因是他们可降低治疗的成本。他们还可帮助病人避免发生与呼吸机使用有关的肺炎。

第四，发电站电工。其最常见的是职业培训学历，平均工资为 61 040

美元。该职业包括那些供职于发电总站、分站和中继站的电工。他们的头衔还可能是中继电站的技术员或变压器修理员。这些修理员大多数为公共事业公司工作，其平均工资为61 330美元。这些职业大多希望供职者有专业证书。

第五，石油工程师。其最常见的是学士学位。对学士学位拥有者来说，该职业的工资大概仅次于飞行员。该职业一方面反映了该职业对专门技术的要求，另一方面也受到市场供需的影响，石油工程专业的毕业生相对较少，该职业估计会有大量的空缺出现，因为许多石油工程师现在已到退休之龄。但该职业的责任重大，因为该职业涉及的是资金达数百万美元的项目。

第六，空中交通管制员。这是一种需要长期的现场培训的职业，平均工资为111 870美元。这是一种高压力、高工资的职业。他们在空中控制塔台、雷达站以及中途飞行中心工作。该职业预计在2008—2018年间会增长13%以上。另外，该职业约有50%的员工预计会在2010年退休。

第七，核动力反应堆操作员。这是一种需要长期在职培训的职业，平均工资为73 320美元。实际上，反应堆操作员至少需要3年的在发电厂工作的经验，其中包括至少1年在核发电厂工作的经验。要想成为核反应堆设备的控制人员，必须获得核监管委员会颁发的执照。核动力反应堆操作员预计在2008—2018年间会增长20%。

第八，交通视察员。其平均工资为55 250美元。这是一个范围很广的职业，其中包括飞机检查员、货物检查员以及机车排放检查员。2008—2018年，该职业预计将增长18%。他们在开始时的工作常常是飞机的机械师。他们受训的学校常常是FAA认证的飞机维修技术员学校，学制1～2年。

第九，地铁操作员。其最常见的培训是在职培训，培训时间跨度居中，平均工资为53 220美元。地铁及路面电车操作员一般供职于公共交通部门。他们常常先是在公交系统担任巴士司机。他们的培训时间可长达6个月，接着是参加考试。2008—2018年，该职业的需求量会增加19%左右。

第十，镶牙专家。其最常见学历为本科学历，平均工资为166 400美元。该职业历史悠久。如今该职业用非常精细的技术和材料来修复缺失或损坏的牙齿，他们也治疗颌骨和口腔关节的疾病。他们的教育始于牙科学校，然后再经过为期3年的研究生培训。他们的教育类似于医生，但

2008—2018 年，该职业的需求量可能会增加 28%。

蓝领工作为何也可以有好收入

在我们的社会，接受高等教育是找到好的工作、获得较高收入的一个重要途径。然而无法接受高等教育、上不了大学的人依然可以在职业上有好的发展前途。社会三百六十行中，有不少职业并不需要很高的学历，往往中学毕业加上职业训练就可以胜任，而这些职业也可以保证从业人员过上不错的生活。

经济危机中美国大学生就业难唤起了美国人对高等教育的重新审视。在经济危机中，一些技能型蓝领工作不仅走俏，而且收入也不错，所以有人称现在的就业市场上是蓝领工作复兴时代的来临。特别是绿色产业的兴起，需要大量学历要求不高但专业技能较强的工人。根据美国劳工部的统计和预测，在 2010 年就业市场上一些蓝领工作会发展得很快，而对于从业人员的教育程度要求也低于大学本科毕业。一些工作只需要高中毕业或大专毕业即可。

美国政府部门的统计数据显示，水管工是美国建筑业中薪水最高的蓝领工作之一。只要在技术学校或社区学院接受过相应的技术训练就可胜任，经过 4 ~ 5 年的学徒生涯，获取水管工执照，就可出师独当一面。水管工的中位年薪为 49 773 美元。水管工的职业前景被看好，主要是因为各种替代能源的开发和利用已成为新世纪能源产业的趋势，如太阳能加热、地热、生物燃料等，这些行业都需要大量水管工、蒸汽管道工。

电梯安装和维修工是蓝领工作中收入不错的一种职业，而且即使在经济不景气时，这一职业的人数也不会太萎缩。要当一名电梯安装和维修工，不需要很高的教育程度，高中毕业跟着师傅当学徒即可，4 年学徒生涯结束后可考取城市或州的电梯安装和维修执照。电梯安装和维修工的中位年薪为 49 036 美元。

电工的需求量大而且呈增长趋势。随着高科技的普及和绿色经济的崛起，很多行业都要同电打交道，这当然就让电工有了用武之地。当电工也不需要太高的文化水平，高中毕业后上 2 年技校，经过几年工作，考取电工执照，工作就比较稳定了。电工的收入在蓝领工作中还算不错，中位年薪为 45 218 美元。

不论经济好与坏，汽车修理工算是个“小铁饭碗”。当汽车修理工一般需要在职业学校学习 6～12 个月，如果在社区学院拿到大专文凭，在市场上会更有竞争力。汽车修理工的中位年薪为 30 889 美元。

空调或电冰箱技师的工作不累，但收入也不低，这主要是因为这样的职业需要技术。未来 10 年，美国对空调和电冰箱技师的需求量会增加 28%。当空调和电冰箱技师一般需要在职业学校学习 6～12 个月，或跟着师傅当学徒也可以，但最终需要获得州或地方执照。空调和电冰箱技师的中位年薪为 48 494 美元。

空中交通管制员虽然表面上看其工作只是紧盯着荧光屏上的亮点，但责任却很重大。要从事这一职业，需要在联邦航空管理局学校学习，而且在岗位上要接受实际的工作训练，经过 2～4 年的实习才有可能成为独当一面的空中交通管制员。空中交通管制员中位收入在 86 860～142 210 美元之间，而且可以提前退休，只要工作满 20 年，年龄达到 50 岁就可以退休。

在美国当警察只要高中毕业即可，做警察时间长了就有晋升的机会，所以即使是一个高中毕业生在警界也可以有很好的发展，如果能够担任警佐，年薪可达到 69 300 美元。普通警员的年薪为 44 160 美元，警察经常需要加班，但优厚的加班费也使其收入大大提高。警察工作 25～30 年就可以退休，退休金通常是工资的一半。

美国还有许多工作不需要求职者具有四年制大学本科学历，但收入却也是相当可观的。下面是年薪在 50 000 美元以上的一些工作。

仓库经理，年薪 60 660 美元；运输经理，年薪 66 600 美元；批发店经理，年薪 59 300 美元；消防站主管，年薪 58 920 美元；房地产经纪人，年薪 58 720 美元；农业产品销售代表，年薪 58 580 美元；化学和药物产品销售代表，年薪 58 589 美元；电子产品销售代表，年薪 58 580 美元；各种器具产品销售代表，年薪 58 580 美元；机械设备产品销售代表，年薪 58 580 美元；牙齿清洁人员，年薪 58 350 美元；放射线设备操控员，年薪 57 700 美元；核医学技术员，年薪 56 450 美元；儿童社会工作者，年薪 53 990 美元；失业保险欺诈调查员，年薪 53 990 美元；犯罪调查员，年薪 53 990 美元；移民和海关检查员，年薪53 990美元；警局侦探，年薪53 990美元；警局鉴定和档案文员，年薪53 990美元；商业飞行员，年薪53 870美元；注册护士，年薪52 330美元。

“绿领”行业的“钱景”和前途

继白领、蓝领的概念流行多年之后，美国职场现在流行一种新的职业，称为“绿领”职业。这种职业是与能源和环保有关的职业，从事“绿领”行业的工作，薪水很不错。

从20世纪90年代开始，主动推行绿色经济成了美国企业界的潮流。农业中的绿色食品、工业中的再生能源、建筑业中的房屋改造、服务业中的环保教育等，都成为近年来最热门的行业之一。因此，环境工程师也就成了人数增长最快的职业之一。据美国劳工部预计，到2016年，从事环保工程师职业的人数会增加25%，2007年这一职业的从业人员年薪在7～10.6万美元之间。

绿色浪潮也促使蓝领工人不断转变和加入“绿领”阶层。进入21世纪，环保已经不再是一个局限于上层阶级和中产阶层的话题，绿色就业也不再仅仅是白领阶级的选择。2007年年底，美国众议院通过了《绿色就业法案》，根据这一法案，联邦政府拨款1.25亿美元资助联邦和地方政府的就业培训计划，每年培训3.5万名工人进入绿色行业。

美国新任总统奥巴马在竞选时提出，联邦政府要提供数百万美元的资金用于“绿领”工人的培训。实际上，绿色行业已为美国创造了近万亿美元的产值，为联邦、州和地方政府交纳了1 500多亿美元的税收。

美国太阳能协会对美国绿色行业的前景作出评估，根据该协会的预测，到2030年，美国4名工人中就会有1名工人在绿色行业工作。在一份“绿领工作”研究报告中，美国太阳能协会的统计数字表明，目前美国的绿色行业为社会提供工作职位850万个，到2030年，绿色行业提供的工作职位将会达到4 000万个。

在美国，涉及绿色行业的工作种类非常广泛。与民众日常生活相关的行业有自行车修理和自行车交货服务、汽车的制造及维护、新的能源和节能项目、绿色建筑、建筑材料和垃圾的处理和再利用、危险物资的处理、景观美化、材料的再利用、居民和商业建筑的无毒清洁处理产品、公园的开发和维护、无毒化的印刷油墨和染料、大众捷运系统中涉及的维修、废品的回收和再处理、太阳能的利用、绿色农业、水资源的保护和有效利用水资源、住宅保暖等。

随着经济的发展，各种新行业不断涌现，而传统的蓝领、白领之分已难以体现美国职场的生态变化。如现在美国比较容易赚钱的职业包括听觉矫治专家、生物医学设备维修工、神职人员、课程培训专家、牙医、编辑、工程师、消防员、筹款人、遗传学顾问、发型师/美容师、替人写作的“枪手”、政府管理人员、高等教育管理人员、投资理财专家、景观设计师、图书管理员、开锁工/安全系统维修工、管理顾问、职业理疗师、验光师、药剂师、医生助理、注册护士、心理医生、城市规划人员、用户分析专家等。

工程师为何成了职场上的“香饽饽”

2010年，美国就业市场出现转机，大学毕业生就业难的问题似乎有所改善。但笔者经过对比发现，不论美国经济是好是坏，有一件事情却一直没有改变，那就是美国大学本科毕业生收入最好的十大本科专业变化不大，而在这十大本科专业中，各类工程专业就占了八个。

首先我们看一下美国2010年大学本科毕业生起薪的调查结果。石油工程专业毕业生的起薪最高，为86 220美元，接下来起薪最高的大学本科专业依次为：化学工程为65 142美元，矿业工程为64 552美元，计算机科学为61 205美元，计算机工程专业为60 879美元，电机工程为59 074美元，机械工程为 58 392 美元，工业和制造工程为 57 734 美元，航太工程为 54 048美元，信息科学系统为 54 038 美元。

从以上美国大学本科毕业生起薪最高的十个专业的排名可以看出，美国工程专业的学生可谓是毕业生中的骄子，起薪不低，“钱途”光明。

根据美国政府部门的统计，2008 年美国各行业就业人员中工程师超过 157 万人，可分成 18 种行业，美国的工程师 36% 集中在制造业，30% 分布在专业、科技和服务行业，还有不少工程师是在建筑、电信和批发贸易行业就业。2008 年美国联邦和州、地方政府雇用的工程师约占工程师总数的 12%，联邦政府雇用的工程师占了美国各级政府雇用工程师总数的一半，他们大多是在国防部、运输部、农业部、内政部、能源部和宇航局工作。

根据美国劳工部 2008—2018 年美国工程师职业的市场需求预测，到 2018 年美国共需要各类工程师 175 万多名，比 2008 年美国工程师的实际人数要增加 178 300，增加比例为 11%。其中增加比例最高的是生物和医学工程师，需求量将从 2008 年的 10 600 人增加到 27 600 人，需求量增长 72%。环境工程师也是需求量最大的职业之一，2008 年美国有环境工程师 54 300 人，而到 2018 年，美国需要的环境工程师数量是 186 000，需求量增长 31%。而其他需求量将增加 10% 以上的工程师职业有 8 个，包括：土木工程师，需求量增长 24%；航太工程师，需求量增长 10%；农业工程师，需求量增长 12%；健康和安全工程师，需求量增长 10%；工业工程师，需求量增长 14%；矿山和地质工程师，需求量增长 15%；核工程师，需求量增长 11%；石油工程师，需求量增长 18%。

在美国工程师职业中，2008—2018 年，需求量会减少的工程师只有化学工程师。2008 年美国的化学工程师有 31 700 人，到 2018 年美国的化学工程师人数会降到 31 000，需求量下降 2%。电子工程师的需求量增长最缓慢，2008—2018 年，美国电子工程师的需求量只会增长 1%。计算机硬件工程师的增长比例也不高，为 4%。

美国工程师人数并不是很多，物以稀为贵，因此工程师的收入自然不薄。下面是 2008 年美国各类工程师的基本收入情况。

2008 年美国各类工程师收入状况一览表　（单位：美元）

工程师职业	低位年薪	中位年薪	高位年薪
航太工程师	58 130	92 520	134 570
农业工程师	43 150	68 730	108 470
生物医学工程师	47 640	77 400	121 790
化学工程师	53 730	84 680	130 240
计算机硬件工程师	59 170	97 400	148 590
电气工程师	52 990	82 160	125 810
电子工程师	55 330	86 370	129 920
环境工程师	45 310	74 020	115 430
健康安全工程师	43 540	72 490	106 220
工业工程师	47 720	73 820	107 270
轮机造船工程师	43 070	74 140	118 630
材料工程师	51 420	81 820	124 470
机械工程师	47 900	74 920	114 740
采矿地质工程师	45 020	75 960	122 750
核工程师	68 300	97 080	136 880
石油工程师	57 820	108 020	166 400
其他类工程师	49 270	88 570	132 070

美国护士为何收入比医生还高

美国医生收入高为世人所周知，从事医生这一职业不仅需要博士学位，而且还要经过长时间的实习期。医生收入高，但工作时间长，责任也重大。尽管现在美国医生短缺，但读医学院的学生反而减少了。根据预测，美国目前至少还需要5万名医生。如果不采取措施，到2025年，美国可能缺少20万名医生。在乡村地区，医生人数减少的现象尤为严重。此外，两个更需要医疗照顾的人群不断扩大：一是老年人，二是以移民和穷人为主的没有医保的人。在这种情况下，医生的短缺已对美国医保改革构成了挑战。

然而对于一些医生而言，他们还有另一种苦恼，那就是他们的收入还不如一些高级护士高。2009年，美国家庭医生的平均年薪为17.3万美元，而护士麻醉师的年薪为18.9万美元。2010年，家庭医生的年薪有所上涨，为17.8万美元，而尽管护士麻醉师的年薪有所下降，为18.6万美元，但家庭医生的收入还是不如护士麻醉师这类高级护士高。

护士麻醉师只是美国高级护士中的一种，护士麻醉师和麻醉师的工作性质基本相同，而两者在医学上的差异仅是一种职业上的分工。由于麻醉师的短缺，护士麻醉师就格外抢手，而收入自然也就不会低了。在过去4年内，医院在招聘护士麻醉师时，其薪水一直高于家庭医生。

注册护士是美国医疗行业雇佣人数最多的职业，目前有260万人从事护士工作。医院雇用的护士人数最多，约占护士总数的60%；8%的护士在医生诊所工作；5%在家庭医疗保健机构工作；5%在养老院工作；余下的在就业服务机构、政府机构、社会资助机构和教育机构工作。

在美国做护士，教育上的要求并不是特别高，大学护理专业毕业、大专护理专业毕业或护理项目毕业都可以。但护士麻醉师、助产士和护理医生则需要硕士学位，一些专门的护理更需要博士学位。

美国经济不好，不少人失业后为了便于找到薪水不错的职业，便回到学校改行学护士专业。对于已经大学本科毕业的人，不必再从头读4年大学护士专业，而是参加12~18个月的快速护理专业培训项目，毕业后就可以做护士。在美国所有的州，从事护士职业都需要通过全国护士执照考试并获得证书。

美国的“护士荒”现象一直很严重，因此每年除了本土培养外，也从国外招收护士。到2018年，美国将会增加58.1万个护士职位，2008—2018年，市场对护士的需求量将会增加22%。不同机构对护士的需求是有差异的，医生诊所对护士的需求量将会增加48%，家庭医疗保健机构对护士的需求量将会增加33%，医院对护士的需求量增加幅度最低，为17%，养老院对护士的需求量将会增加25%，就业服务机构对护士的需求量将会增加24%。

2008 年，美国注册护士的中位年薪为 62 450 美元。收入最低的护士年薪在 43 410 美元以下，收入最高的护士年薪在 92 240 美元以上。在不同机构工作的护士收入会有所不同，家庭医疗保健机构护士的中位年薪为 58 740美元，医生诊所护士的中位年薪为 59 210 美元，医院护士的中位年薪为 63 680 美元，养老院护士的中位年薪为 67 060 美元，就业服务机构护士的中位年薪为 68 160 美元。

其实在美国，护士已成为一个高薪职业，至少有十种护士职业的年薪超过 10 万美元。

美国高收入护士收入状况一览表 （单位：美元）

护士职业	高位年薪
危急病房护士长	124 000
养老院护士长	123 000
医院护士长	231 000
护士麻醉师	199 000
护理医生	108 000
助产士	105 000
产科护士长	117 000
急诊室护士长	116 000
重症病房护士长	119 000
手术室护士长	126 000

在美国护士这一职业中，除了上述高薪的护士类别外，一般的护士收入也挺可观。

美国一般护士收入状况一览表（单位：美元）

护士职业	低位年薪	中位年薪	高位年薪
职业病护士	55 049	61 202 ~ 75 735	82 813
门诊护士	46 161	52 215 ~ 65 823	76 591
传染病护士	63 602	68 822 ~ 81 271	87 385
加护病房护士	55 414	61 261 ~ 73 050	77 938
小儿科护士	49 817	54 770 ~ 66 726	72 659
手术室第一助手护士	64 487	70 721 ~ 84 247	90 326
急诊室护士	52 427	57 731 ~ 70 915	77 614
随机护士	56 547	62 070 ~ 75 979	83 118
衰老老人照料护士	51 559	55 643 ~ 66 001	71 347
产科护士	51 656	57 145 ~ 70 361	76 904
肿瘤科护士	50 965	57 125 ~ 72 258	79 896
精神科护士	56 241	61 706 ~ 74 493	80 669
术后恢复室护士	56 765	62 760 ~ 76 459	82 936

奥巴马推动的医改法案在国会通过后，由于初级保健医生数量不足，无法满足剧增的市场需求，为解决这一困境，美国28个州计划扩大护士的权力，使她们承担起初级保健医生的职责。美国的护士从业者在医疗体系中扮演着重要角色。尽管护士们有着丰富的照料病人经验，受过长期严格的教育培训，但她们的权力和薪酬仍与医生存在较大差距。相关法律在一定程度上限制了她们的权力范围，例如，佛罗里达州和阿拉巴马州禁止护士为患者开管制药物，还有不少州要求医生签字同意，护士才能进行某些诊疗。

其中颇受争议的是“博士”（Dr.）这一称呼。有的州明令禁止护士自称“某某博士”，认为这是医生独有的名号。这令护士感到不平衡，毕竟获得博士学位的护士不乏其数。美国护理学院协会规定，截至2015年，博士学位将成为高级护士资格的新标准。然而美国医学协会仍竭力反对扩大护士权力的提案。他们坚称医生的短缺并不能被当作为护士放权的理由，因为护士并不具备医生的知识和能力。如果医生不够，就应该增加医生的数量。

不过医改法案的通过，已经让助产士获得和妇产科医生同等的薪酬水平。这为美国的护士从业者打了一针强心剂。此外，医改法案还提议投入大量资金对护士开展培训。如果为护士放权的提案在美国 28 州获得通过，那么有一天我们看病时，也许就是去“看护士”而非“看医生”了。

在美国当教师是个不错的选择

美国是一个教育大国，因此从事教师职业的人数不仅多，而且教师的待遇也很不错。根据美国劳工部 2010 年 5 月发布的《2009 年美国各行业雇佣人员及薪水统计报告》，美国教育行业雇用的从学前班到大学的教师以及教育培训、图书馆等人员的数目为 8 488 740，是美国雇佣人数第六多的行业，雇佣人数约占美国全部受雇人数的 6%。在美国教育行业的 8 488 740人中，他们的平均小时收入为 23. 81 美元，平均年收入为 49 530 美元。

美国人对教育很关心，也有许多人喜欢从事教育工作。2009 年，教育行业成为大学毕业生就业人数最多的行业之一。美国中小学教师的收入在各类职业中虽然处于中等水平，但由于教师职业比较稳定，再加上有寒暑假，所以很多女性非常喜欢做教师。大学教师的职业在收入上属于中上等，而且有终身教授的保障，是很令人羡慕的工作。不过如果想到大学任教，必须拥有博士学位才有竞争力，否则很难成为终身教授。

美国中小学教师平均收入一览表

教师类别	从业人数	平均年薪（美元）
学前班教师	389 660	27 450
幼儿园教师	181 810	50 380
小学教师	154 430	53 150

（续上表）

教师类别	从业人数	平均年薪（美元）
初中教师	665 420	53 550
高中教师	1 091 710	55 150
初中职业教育教师	14 060	51 520
高中职业教育教师	92 980	54 420
幼儿园小学特殊教育教师	228 580	53 770
初中特殊教育教师	102 490	54 750
高中特殊教育教师	146 240	56 420

美国大专院校教师的薪水在各专业和学院之间会有较大的差异，但大学教授有终身教授的“铁饭碗”保障，因此，大学教师也是令不少人羡慕的一种职业。

美国大学教师平均收入一览表

教师类别	从业人数	平均年薪（美元）
法学教师	12 690	109 150
经济学教师	12 860	89 320
商学教师	73 790	83 840
地域、人种、文化学教师	8 070	75 130
政治学教师	15 180	76 990
社会科学教师	5 830	77 040
家庭经济学教师	4 800	68 210
人类学、考古学教师	5 880	75 530
心理学教师	33 450	72 140
社会学教师	16 380	71 970
历史学教师	21 810	69 280
地理学教师	3 930	69 840
外国语言和文学教师	27 020	63 300
哲学和宗教教师	19 630	67 610

（续上表）

教师类别	从业人数	平均年薪（美元）
艺术、戏剧、音乐教师	80 790	68 230
英语和文学教师	65 490	65 860
大众传媒学教师	25 090	65 190
图书馆学教师	3 940	64 270
职业教育教师	114 420	52 030
教育学教师	56 880	62 160
犯罪和执法学教师	12 610	62 750
健康科学教师	133 070	103 340
工程学教师	34 270	92 970
生物学教师	54 810	87 220
物理学教师	12 870	83 320
地球、空间学教师	9 900	83 320
农学教师	10 230	80 790
化学教师	20 370	77 350
建筑学教师	7 090	77 830
环境科学教师	4 820	73 700
计算机科学教师	32 240	75 860
数学教师	48 100	70 550
林学教师	2 380	72 290
护理学教师	49 140	65 240
其他各类教师	205 760	74 330

美国公务员有哪些高薪工作

在美国，政府恐怕是美国人最大的一个雇主，不包括联邦邮政系统的人员在内，仅联邦政府就有雇员200多万。各州政府全职雇员总数为381万多，雇用的兼职人员总数为145万多，雇员总数为（全职雇员加上兼职雇员折算成全职雇员）为436万多。地方政府雇用全职人员总数为1 104万多，雇用的兼职人员总数为338万多，雇员总数（全职雇员加上兼职雇员折算成全职雇员）为1 231万多。

联邦政府官员中从事管理、商务、财务的人员占33.7%，管理人员主要是指各部门的首脑、中层的官员。商务和财务人员主要包括会计师和审计师，他们的主要职责是分析财务报告、审核国家税收、支出以及调查国家机器运作中出现的欺诈和无效率行为；专业性工作的雇员占33.2%，包括医学专家、医务人员、经济学家、科学家、工程师等；办公室和管理文员占13.5%；服务人员占8.2%，维护人员占4.6%；运输和后勤人员占2.9%，余下的建筑、生产、销售等人员比例均在1.6%以下。

联邦调查局探员的工作主要是进行恐怖主义调查，反间谍，打击网络犯罪、白领犯罪、金融犯罪、政府官员腐败、行贿、银行抢劫、绑架、盗版、走私毒品等。联邦调查局探员的年薪在57 000～74 000美元之间。联邦调查局高科技管理者年薪在123 000～155 000美元之间。

航空工程师在联邦政府的工作待遇也不错，而且政府职务比私营企业更保险，美国运输部为航空工程师提供的薪水在91 000～141 000美元之间。

在美国的媒体当记者或编辑，收入并不高，一般年薪也就5～7万美元。但给美国政府当记者可就不同了，美国证券交易委员会所雇佣的记者和编辑年薪为96 000～171 000美元。

因美国历史不长，所以对文物更加重视和爱护，政府部门会雇用考古学家加强对美国历史文物的研究和保护，而且会给予不错的待遇。政府雇佣的考古学家年薪在 73 000～113 000 美元之间。

在美国做个消防员收入中等，但要是坐上消防队经理的位置，则年薪在 67 000～104 000 美元之间。专利审查员和商标管理员需要有专业的知识，美国专利商标局大量雇用这方面的专业人员，他们的年薪在 69 000～90 000美元之间。要从事太空科学的研究，那就非美国宇航局莫属了，该局雇佣的太空科学家年薪在 92 000～120 000 美元之间。

美国空军、陆军对天文学家需求量很大，其年薪为 116 072 美元。虽然在政府部门当律师有些吃亏，但待遇也还说得过去。联邦政府部门雇佣的律师年薪为 119 240 美元，地方政府雇佣的律师年薪为 78 810 美元，州政府雇佣的律师年薪为 75 840 美元。任何地方管钱的人都不会太吃亏，在政府部门当公务员也是一样，政府部门的财务经理的年薪为 101 022 美元。

政府公务员中经济学家的收入还不错，虽然头上有官帽，但搞研究的比较多，经济学家的年薪为 94 098 美元。计算机科学家在政府部门工作，收入与经济学家差不多，年薪为 90 929 美元。在“9·11”事件后，美国政府部门增雇了不少化学家，他们的年薪为 89 954 美元。

政府公务员中，年薪在 7 万美元以上的职位有：犯罪调查员年薪 88 174美元；生物学家年薪 87 206 美元；建筑师年薪 85 690 美元；统计学家年薪 81 524 美元；图书馆管理员年薪 78 665 美元（这主要是指在国会图书馆或军队图书馆的图书管理员）；会计师年薪 78 030 美元；军中牧师年薪 76 511 美元；生态学家年薪 76 511 美元；人力资源经理年薪 76 503 美元；健康和安全专家年薪 73 003 美元；空中交通管制员年薪 72 049 美元；预算分析师年薪 71 267 美元。

美国大学校长收入比教授高多少

美国大学校长和各院的院长不叫官，叫做管理者。管理者就是管着别人的人，所以在美国各行各业中管理者就成为一个专业性的职业，在各行业人员的收入统计中，管理者是单独列为一项的。不论哪行哪业，管理者的收入都会比被管理者的收入要高，美国的大学系统也不例外。虽然有个别的教授年收入会比大学校长高，但平均而言，大学校长的收入是一般教授没法比的。美国大学教授协会最近发布了一份教授薪水年度报告，2009—2010 学年，美国大学校长年收入按平均统计，最低的是大学教授收入的 0.06 倍，最高的是教授收入的 6.77 倍。

那么美国大学校长的实际收入是多少呢？2009—2010 学年，美国可授予博士学位公立大学校长的最低年薪为 205 050 美元，是教师年薪的 1.06 倍；最高年薪为 828 679 美元，是教师年薪的 5.35 倍；中位年薪为377 500 美元，是教师年薪的 2.63 倍。

2009—2010 学年，美国可授予博士学位私立大学校长最低年薪为 225 000美元，是教师年薪的 1.41 倍；最高年薪为 910 000 美元，是教师年薪的 5.36 倍；中位年薪为 475 000 美元，是教师年薪的 2.88 倍。

2009—2010 学年，美国可授予硕士学位公立大学校长最低年薪为 154 555美元，是教师年薪的 0.95 倍；最高年薪为 570 000 美元，是教师年薪的 5.14 倍；中位年薪为 234 860 美元，是教师年薪的 1.89 倍。

2009—2010 学年，美国可授予硕士学位私立大学校长最低年薪为 128 250美元，是教师年薪的 0.83 倍；最高年薪为 644 204 美元，是教师年薪的 6.77 倍；中位年薪为 279 651 美元，是教师年薪的 2.35 倍。

2009—2010 学年，美国可授予学士学位公立大学校长最低年薪为 78 216美元，是教师年薪的 0.06 倍；最高年薪为 451 475 美元，是教师年薪的 3.63 倍；中位年薪为 191 979 美元，是教师年薪的 1.64 倍。

2009—2010 学年，美国可授予学士学位私立大学校长最低年薪为 79 000美元，是教师年薪的 0.49 倍；最高年薪为 648 400 美元，是教师年薪的 4.27 倍；中位年薪为 240 000 美元，是教师年薪的 2.27 倍。

根据这份调查，2009—2010 学年，在美国可以授予博士、硕士、学士学位的三类公、私立大学中任职的全职教授，他们的平均薪水为 80 368 美元，如果加上各种福利，年收入为 103 273 美元。依照等级分，正教授的平均薪水为 109 843 美元，加上各种福利，年收入为 139 023 美元；副教授的平均薪水为 76 566 美元，加上各种福利，年收入为 99 204 美元；助理教授的平均薪水为 64 443 美元，加上各种福利，年收入为 83 627 美元；讲师则为 53 112 美元，加上各种福利，年收入为 70 246 美元。

美国女性最赚钱的十种职业

2008 年，美国女性收入最高的职业是药剂师，这多少有些出人意料。女性药剂师每周的中位收入为 1 647 美元，全年的收入为 85 644 美元。女性药剂师约占美国药剂师的一半，一个女性药剂师的年收入相当于男性药剂师年收入的 85%。在医生行业，一个女性医生的年收入只相当于男性医生年收入的 59%。药剂师是医疗行业中男女收入差距最小的职业，而且药剂师对教育水平要求也比其他医疗职业低。

相比之下，女性内科医生和女性外科医生在收入上远低于女性药剂师，女性医生每周的中位收入为 1 230 美元。为什么会出现这种情况？南加州大学女性研究中心主任和经济学家巴克认为，在医生行业的各个职业中，女性比较多选择做家庭医生或其他收入较低的职业，而不愿意从事每周可能要工作 80 个小时的外科医生职业。女性倾向于选择像药剂师和语言病理学医师这样工作时间比较有规律，而且薪水等级也不是很高的职业。

美国从事语言病理学的女性与男性数量相同，女性的收入也与男性无差别，这在美国的行业中是很少见的。

美国目前有 350 万名女性属于高收入阶层，她们每周最低的收入为 1 500美元，而男性每周最低收入为 1 500 美元的人数约有 1 000 万。

在一些高收入的行业，女性就业人员数量超过了男性。例如金融管理人员、会计师、审计师和预算分析师，这些职业需要较强的数学基础和心细，这也许是女性比较适合当家理财的原因。女人力资源经理的每周中位收入为 1 137 美元，而从事这一职业的女性数量超过男性的一倍。

下面我们来看一下美国女性收入最高的十种职业。

美国女性收入最高的十种职业一览表

职业	周中位收入（美元）	年中位收入（美元）	对教育程度的要求	与男性收入相比比例（%）
药剂师	1 647	85 644	PCAT 或 Pharm. D. 学位	85.0
公司总裁	1 603	83 356	商学院学士或工商管理硕士学位	80.1
律师	1 509	78 468	LSAT 或 J. D. 学位	77.5
计算机软件工程师	1 351	70 252	计算机科学或软件工程学士学位	87.3
计算机及信息管理经理	1 260	65 520	信息管理硕士学位	85.4
内科和外科医生	1 230	63 960	M. D. 学位	59.1
管理分析师	1 139	59 228	大多数人获得学士学位	78.0
人力资源经理	1 137	59 124	大多数人获得学士学位	67.9
语言病理医师	1 124	58 448	硕士学位和执照	67.9
计算机和系统分析人员	1 082	56 264	大多数人获得学士学位	83.7

第六章

留学、机遇，人才与未来

□本章导读

20 世纪 70 年代，中美两国建交后，中国开始有计划地向美国派遣公费留学生，由此拉开了改革开放后中国留学潮的序幕。在 30 年的时间里，中国经历了 4 次留学高潮。上百万学子留学海外，有的学成回国，有的在异乡打拼。

纵观当今世界各国留学生的数量，中国远远超过其他任何国家。专家预测，在未来的几十年中，中国留学生仍会在国际学生市场中占据主导地位。

中国学生留学海外最主要的国家中，美国排名首位，中国在美留学生人数占中国全部海外留学生总数的 32%。

越来越多的中国高中毕业生到美国攻读本科学位成为中国学生留美潮的一个新趋势，而美国大学向中国高中生敞开大门也加剧了这一趋势。

中国留学生分散在世界各地，他们为其他国家的高等教育机构缴纳了大约 60 亿美元的学费。

根据有关的统计，2007 年有超过 35 万的中国内地学生赴海外大学攻读学位，预计在未来的 20 年内中国留学生的人数将增至 64.5 万。

中国的海外留学潮 30 年来经久不息，有的人将此视为中国人才的流失，有的人认为这是中国高端人才培养的另一种渠道。不论人们对留学潮的评论如何，有一点是肯定的，留学潮对中国的社会及经济发展产生了重大的影响，而且正在逐渐改变中国的人才结构。

——作者手记

全球百大名校带给我们的思考

美国有关机构对世界大学的排名不多，《新闻周刊》2006 年曾评选出全球 100 所最佳大学。根据《新闻周刊》的排名，美国大学在全球最优秀大学中占据优势，前 25 所全球最佳大学，美国占了 18 所。以下为这 25 所大学的排名状况：哈佛大学、斯坦福大学、耶鲁大学、加州理工学院、加州大学伯克利分校、剑桥大学、麻省理工学院、牛津大学、加州大学旧金山分校、哥伦比亚大学、密歇根大学安娜堡分校、加州大学洛杉矶分校、宾夕法尼亚大学、杜克大学、普林斯顿大学、东京大学、伦敦帝国学院、多伦多大学、康奈尔大学、芝加哥大学、瑞士联邦科技学院、华盛顿大学西雅图分校、加州大学圣地亚哥分校、约翰—霍普金斯大学、伦敦大学学院。

2009 年 10 月，英国《泰晤士报》与英国著名高等教育研究机构 QS（Quacquarelli Symonds）联合进行的 2009 年世界大学评估报告出炉，美英两国大学席卷榜单高位，中国香港有 3 所大学进入榜单前 50 名。

在《泰晤士报》和 QS 评选出的世界 100 所大学排名中，中国内地有 2 所大学入围，它们是清华大学（并列 49）和北京大学（52）。在全球百大名校中，清华是唯一进入前 50 名的中国内地大学。以前《新闻周刊》也曾评出全球百大名校，但中国大学未曾上榜。

在这全球百大名校中，世界排名前 10 位的著名大学全部是美国和英国的大学，其中美国有 6 所，英国有 4 所。

世界排名前 25 位的著名大学中，美国有 13 所，英国有 6 所，日本有 2 所，澳大利亚、加拿大、瑞士和中国香港各有 1 所。

世界排名前 50 位的著名大学中，美国有 18 所，英国有 7 所，澳大利亚有 7 所，日本有 3 所，加拿大有 3 所，中国香港有 3 所，瑞士有 2 所，法国有 2 所，新加坡、爱尔兰、韩国、荷兰和中国内地各有 1 所。

世界排名前100位的著名大学中，美国有32所，英国有17所，澳大利亚有9所，日本有6所，加拿大有4所，德国有4所，瑞士有4所，荷兰有4所，中国香港有3所，法国有2所，新加坡有2所，爱尔兰有2所，韩国有2所，中国内地有2所，丹麦有2所，瑞典有2所，新西兰、比利时和中国台湾各有1所。

从《泰晤士报》和QS评选出的世界100所大学排名中，我们可以看出，世界顶尖大学基本上都集中在英语语系国家，美国、英国、澳大利亚、加拿大等国在百大名校中占据了65所。而世界最一流的10所大学，全部被美国和英国包揽：哈佛大学、剑桥大学、耶鲁大学、伦敦大学学院、伦敦帝国学院、牛津大学、芝加哥大学、普林斯顿大学、麻省理工学院、加州理工学院这些大学一直令人向往。

亚洲国家的教育以日本为龙头，但总体的影响力还是与美国、英国等国有一定的差距。中国内地在世界百大名校中有2所大学上榜——清华大学、北京大学，但与美英等国的名校相比，中国高等教育的差距仍很大，这需要我们在教育改革上进一步花大力气、下真工夫。

《泰晤士报》和QS世界大学排名所评出的全球百大名校前50位如下：

1. 哈佛大学；2. 剑桥大学；3. 耶鲁大学；4. 伦敦大学学院；5. 伦敦帝国学院；6. 牛津大学；7. 芝加哥大学；8. 普林斯顿大学；9. 麻省理工学院；10. 加州理工学院。

11. 哥伦比亚大学；12. 宾夕法尼亚大学；13. 约翰—霍普金斯大学；14. 杜克大学；15. 康奈尔大学；16. 斯坦福大学；17. 澳大利亚国立大学；18. 麦克吉尔大学；19. 密歇根大学；20. 爱丁堡大学。

21. 瑞士联邦科技学院；22. 东京大学；23. 伦敦国王学院；24. 香港大学；25. 京都大学；26. 曼彻斯特大学；27. 卡内基—梅隆大学；28. 法国巴黎高等综合理工学院；29. 多伦多大学；30. 新加坡国立大学。

31. 布朗大学；32. 加州大学洛杉矶分校；33. 西北大学；34. 布里斯托尔大学；35. 香港科技大学；36. 艾克尔理工大学；37. 墨尔本大学；38. 悉尼大学；39. 加州大学伯克利分校；40. 不列颠哥伦比亚大学。

41. 昆士兰大学；42. 洛桑工学院；43. 大阪大学；44. 都柏林学院；45. 莫纳斯大学；46. 香港中文大学；47. 新南威尔士大学；48. 首尔大学；49. 阿姆斯特丹大学；50. 清华大学。

吸引海外人才成为美国国家政策

吸引海外人才是美国的一项国家政策，而招收外国留学生也是美国高等教育的一个重要组成部分。美国国际教育总裁古德曼曾谈到，美国国际学生的稳定增长反映出美国政府和许多大学为此做出的努力，美国欢迎世界各国的年轻学子来到这块土地，这不仅丰富了美国校园的多元文化，而且这也是最好的投资，它可以增强美国高等教育和研究的实力，培养人们在全球问题上的合作。

外来文化精英和人才对美国社会的发展作出了巨大贡献，吸引外国留学生是美国扩大人才储备和挖掘他国人才的一个重要手段。美国全国外国学生顾问协会曾表示，如何确保美国移民体制与全球经济发展步伐相符是移民体制的中心问题，并认为解决此问题的关键在于增强美国吸引全球顶尖人才的能力。为了成功地获取世界的知识、革新和技能，美国必须通过自己的移民法和签证政策，在美国营造支持鼓励外国人才贡献的氛围。

美国移民与经济学者指出，外籍科技人员对美国科技创新贡献巨大。削减高技能海外人才工作签证，不仅不能解决美国的经济困境，反而会大大损害美国技术创新的实力。

研究者通过对比1995—2006年美国工作签证的类别、数量与科技专利相关数据后发现，工作签证的持有者是美国科技创新的重要贡献者，特别是来自中国与印度的高科技人才。

2000—2004年，在计算机领域的所有专利获得者中，印度籍人员占专利总数11.8%，中国籍人员占专利总数7.6%。来自各大高科技公司的统计显示，2006年，印度和中国科技人员专利贡献占英特尔公司专利的33%、微软公司专利的23%、IBM公司的22%。

2001年“9·11”恐怖袭击事件发生后，由于签证的收紧，美国大学招收的外国留学生数量锐减。但是最近几年，留学生数量又出现了反弹，美国教育体系中的外国学生入学率达到了历史上的最高水平。根据国际教育研究所的数字，2007—2008 学年美国大学里的国际学生数量增加了 7%，总数为 62.380 5 万人，给美国陷入衰退的经济注入了 150 多亿美元。

美国研究生院理事会 2007 年发布的报告显示，2007 年被录取到美国高校研究生院攻读硕士和博士学位的海外留学生人数持续增长。其中，来自中国的留学生人数比 2006 年增长了 24%，居各国留学生之首；印度和中东留学生的人数增长率分别为 17% 和 12%；韩国留学生的人数则下降了 2%。印度、中国和韩国的留学生大约占全美非美国籍研究生人数的一半。

2007 年，中国学生向美国研究生院提出入学申请的人数比 2006 年增长了 19%。美国研究生院理事会 2008 年的调查结果显示，被美国高等院校录取的攻读硕士和博士学位的国际学生人数连续 3 年增加，其中被录取的中国学生人数上升了 16%。

2000—2008 年美国国际学生和美国大学学生比例一览表

学年	美国的国际学生人数（万）	美大学学生人数（万）	国际学生比例（%）
2000—2001	54.786 7	1 531.2	3.6
2001—2002	58.299 6	1 592.8	3.7
2002—2003	58.632 3	1 661.2	3.5
2003—2004	57.250 9	1 691.1	3.4
2004—2005	56.503 9	1 727.2	3.3
2005—2006	56.476 6	1 748.7	3.2
2006—2007	58.298 4	1 767.2	3.3
2007—2008	62.380 5	1 795.8	3.5

从下表的数据我们可以对 2000—2008 年在美国大学就读的国际学生数量有一个基本的了解。

2000—2008 年美国国际学生本科生、研究生人数一览表　（单位：万）

学年	本科生	研究生	其他类学生
2000—2001	25.442 9	23.849 7	5.494 1
2001—2002	26.107 9	26.474 9	5.716 8
2002—2003	26.010 3	26.787 6	5.834 4
2003—2004	24.820 0	27.431 0	4.999 9
2004—2005	23.921 2	26.441 0	6.041 7
2005—2006	23.634 2	25.970 4	6.870 7
2006—2007	23.805 0	26.428 8	8.064 6
2007—2008	24.336 0	27.684 2	10.360 3

2007—2008 学年，美国招收的外国留学生人数比 2006—2007 学年有所增加，增长比例最大的国家是中国，上升了 20%，其次是印度，上升了 13%，第三位是韩国，上升了 11%。

2007—2008 学年，留学美国的学生人数最多的前 20 个国家中，有 16 个国家留美的学生人数增长超过了 10%。留学美国学生人数最多的国家是印度，学生总数为 94 563 人，第二位是中国，学生总数为 81 127 人，韩国排在第三位，共有 69 124 人。加拿大是留学美国学生人数最多国家前五名中唯一的非亚洲国家，共有 29 051 人。

亚洲国家在美国的留学生总数占所有国家美国留学生人数的 61%，亚洲成为美国最大的留学生生源地。尤其是经济崛起的中国、印度，成为亚洲国家留学美国的领头羊。而东南亚国家如越南、菲律宾、新加坡留学美国的学生人数也都有较大幅度的增长。

2007—2008 学年美国留学人数最多的 20 个国家和地区一览表

国家	美国留学生人数	比 2006—2007 学年增长幅度（%）
印度	94 563	13
中国	81 127	20
韩国	69 124	11
日本	33 974	-4
加拿大	29 051	3

（续上表）

国家	美国留学生人数	比 2006—2007 学年增长幅度（%）
中国台湾	29 001	-1
墨西哥	14 837	7
土耳其	12 030	5
沙特阿拉伯	9 873	25
泰国	9 004	1
尼泊尔	8 936	15
德国	8 907	3
越南	8 769	45
英国	8 367	-1
中国香港	8 286	7
印度尼西亚	7 692	5
巴西	7 578	6
法国	7 050	5
哥伦比亚	6 662	-1
尼日利亚	6 222	5

美国招收外国学生最多的大学

目前进入美国各高等教育机构就读的外国学生有60多万人，广泛分布在全美各地。其中招收外国学生超过1 000人的大学共有156所。某些大学招收的外国学生占学生总数的20%以上，例如南加州大学（21.3%）、哥伦比亚大学（24.3%）、哈佛大学（22.5%）和斯坦福大学（23.9%）。

美国加州是美国外国留学生人数最多的州，总计有外国学生84 800

人；排在第二位的是纽约州，共有外国学生 69 844 人；得克萨斯州排在第三位，共有外国学生 51 824 人；排在第四位的是马塞诸塞州，共有外国学生31 817人；排在第五位的是伊利诺伊州，共有外国学生 28 804 人；排在第六位的是佛罗里达州，共有外国学生 26 739 人；排在第七位的是宾夕法尼亚州，共有外国学生 26 090 人；排在第八位的是密歇根州，共有外国学生 22 857 人；排在第九位的是俄亥俄州，共有外国学生 19 343 人；排在第十位的是印第安纳州，共有外国学生 15 548 人。

纽约市是美国大都会城市中外国留学生最多的城市，共有外国学生 54 861人，其次是洛杉矶，共有外国学生 38 825 人。

美国招收外国学生最多的 25 所大学一览表

大学	招收外国学生人数	学校在校学生人数
南加州大学	7 189	33 408
纽约大学	6 404	44 211
哥伦比亚大学	6 297	24 842
伊利诺伊大学厄本香槟分校	5 933	41 135
普度大学	5 772	39 102
密歇根大学安娜堡分校	5 748	41 042
加州大学洛杉矶分校	5 557	38 896
得州大学奥斯汀分校	5 550	50 201
哈佛大学	4 948	19 987
波士顿大学	4 789	32 053
宾夕法尼亚大学	4 610	23 980
山尼大学	4 363	27 405
印第安纳大学	4 287	38 247
俄亥俄州立大学主校区	4 259	52 568
密歇根州立大学	4 244	46 045
佛罗里达大学	4 228	50 692
得州农工大学	4 094	46 542
亚利桑那州立大学	3 979	51 481
康奈尔大学	3 928	19 800

（续上表）

大学	招收外国学生人数	学校在校学生人数
威斯康星大学麦迪逊分校	3 910	42 043
斯坦福大学	3 898	15 856
宾州州立大学大学公园分校	3 860	43 252
明尼苏达大学双城分校	3 756	50 883
佐治亚理工学院	3 616	18 742
休斯敦大学	3 420	34 663

外国学生在美国学习的最热门专业

到美国留学需要不小的投资，因此所学专业相当重要。根据统计，外国留学生在美国所选择的专业多以理工科为主，而工商管理是外国留学生在美国学习的最热门专业。2007—2008 学年，外国学生中有 19.6% 的人攻读工商管理专业，比 2006—2007 学年增长了 7%。排在第二位的热门专业是工程学，外国学生中有 17% 的学生攻读工程专业。学农业的外国学生绝对人数不如学工商管理和工程专业的多，但 2007—2008 学年攻读农业的学生增长比例却最高，达到 19.9%。

国际学生在美国学习最热门、人数最多的前 10 个专业，如下表：

2007—2008 学年国际学生攻读专业一览表

专业	国际学生人数	占国际学生比例（%）	比上年增加比例（%）
农业	8 945	1.6	19.9
工商管理	110 906	19.6	7.0

（续上表）

专业	国际学生人数	占国际学生比例（%）	比上年增加比例（%）
教育学	17 775	3.1	5.6
工程学	96 133	17.0	7.8
艺术	31 727	5.6	7.2
医学	29 163	5.1	3.1
人文科学	17 460	3.1	7.9
数学、计算机	46 313	8.2	0.6
物理、生命科学	52 867	9.3	1.9
社会科学	49 375	8.7	0.8
其他	61 304	10.8	3.7

外国留学生在美国攻读学位的情况与一般人所想象的有些差异，由于中国内地留学生到美国攻读硕士以上学位的学生占主体，所以在人们的观念中外国留学生到美国应当攻读硕士或博士学位。

值得关注的是有 46 837 名外国学生在美国不攻读学位，他们基本上是在语言学校学习，有很多人到语言学校学习的目的主要是为了保住学生身份，并找机会转换成其他类可在美国合法居留或工作的身份。

外国学生攻读学位一览表

攻读学位	2006—2007 学年	2007—2008 学年
大专学位	67 855	65 378
学士学位	170 195	177 982
硕士学位	122 385	133 698
博士学位	108 033	108 976
职业性博士学位	7 415	9 472
未确定学位	26 455	24 696
不攻读学位	38 986	46 837

在全球经济不景气的情况下，招收外国留学生成了一些大学扩大财源、增加学校收入的一种方式。2007—2008 学年，美国招收的国际学生为

美国经济作出了155亿美元的贡献，这包括学生的学费、食宿费用等。现在，高等教育成为美国最大的服务出口行业，更多的商业化运作不仅为美国带来了世界各国的优秀人才，而且也为美国高校注入了大笔的资金。

外国留学生在美国接受高等教育，他们的费用来源有什么特点呢？根据美国国际教育研究所的统计，在美国的外国留学生中有62%的学生是自费留学，主要是靠父母的财力或自己的积蓄来支付教育费用。在自费留学的学生中，攻读本科学士学位的学生较多，他们除了要完成课业外，还要利用课余时间和寒暑假打工赚取一些收入，以减轻家庭支付教育费用的负担。

外国留学生中还有25.9%的学生是靠美国大学的资助来完成学业的，特别是攻读博士学位的学生，他们大多是依赖大学奖学金来完成学业的。美国大学为了吸引人才，对非常优秀的学生常以提供奖学金作为争取人才的手段。近几年随着中国优秀高中毕业生申请美国大学人数的增多，美国的一流大学包括哈佛大学、斯坦福大学等为了吸引中国最优秀的学子，纷纷为他们所看中的学子提供全额奖学金。

想申请到美国大学的奖学金，除了申请人学业表现优异外，所攻读的学位也很重要。美国大学会为优秀的高中生提供奖学金，这对想到美国读大学本科的中国高中生而言是个好消息。虽然美国一流大学每年招收的外国学生人数不是很多，但优秀的高中生仍有机会获得美国大学的奖学金。

对于想要攻读美国的硕士学位尤其是职业性的博士学位的学生来说，不仅外国留学生获得奖学金不易，即使美国学生也较难拿到。像商学院的MBA学位，基本上自己付学费，最好的大学商学院更是不会为学生提供奖学金。攻读博士学位的外国留学生却比较容易得到大学的奖学金，读博士学位的美国学生比例一直不是很高，因此，在美国大学所招收的攻读博士学位的学生中，外国留学生所占比例较高。指导博士生的大学教授往往都有基金，博士生一边读书、一边为教授当助教或研究助手是相当普遍的。

由国家资助的公费留学生在美国学习的人数比例并不高，只占学生总数的3.4%。可以说自费和获得大学奖学金成为外国学生在美国大学学习主要的经费来源。

2007—2008 学年美国国际学生留学经费来源一览表

主要经费来源	国际学生人数	经费来源比例（%）	增减幅度（%）
个人、家庭	388 821	62.3	8.5
美国大学	161 633	25.9	6.3
母国政府	21 085	3.4	12.7
美国政府	3 282	0.5	-4.9
美国私人机构	6 013	1.0	-24.9
外国私人机构	6 522	1.0	-2.4
国际组织	1 390	0.2	-17.5
受雇佣者	29 399	4.7	0.5
其他	5 660	1.0	15.5

研究生录取外国学生人数下降

2008—2009 学年，美国各大学录取的外国研究生人数下降了 3%，这是自 2004 年以来美国高校录取外国研究生人数的首次下降。

在过去几年，美国培养的研究生中，外国学生占了很大的比例，而 2008—2009 学年美国高校研究生院录取外国学生的减少，也许是发出一个信号，美国高校研究生院将会更重视录取国内的学生，这对美国的研究生教育将会产生很大的影响。

4 年来，美国大学研究生院对美国国内学生录取的增长率首次超过国际学生。美国大学生申请读研究生人数的增加反映出经济危机对美国大学毕业生就业的影响，不少学生采取继续深造的方式，以增强在就业市场上的竞争力。美国的教育专家认为，美国大学生读研究生人数的增加对于提高美国的竞争力很有利，美国的未来依赖于受过高技能训练的专业人才，高等教育要培养能够解决复杂性挑战难题的高端人才。

从1998年至2008年，美国女性读研究生人数的增长速度都超过男性。2008年秋季入学的硕士研究生中女性占61%，博士研究生中女性占51%。在研究生各专业中，女性比较青睐医学、教育、公共管理和服务专业。在工程学、物理科学、工商管理专业方面，女性研究生的比例也有所上升，而男性研究生的比例则为50.4%。与此同时，2008年秋季入学的美国国内女性在研究生中的比例超过60%，远超过外国女性学生读研究生41%的比例。

虽然都是读研究生，白人和西裔学生读医学的人数增长最快，而读艺术和人文科学的学生人数增长最慢。而亚裔和黑人学生，攻读工商管理的人数增长最快，黑人攻读艺术和人文科学、亚裔攻读物理科学的人数增长最慢。

2008年秋季，攻读教育学、工商管理和医学的研究生人数占研究生总数近一半。

总体而言，外国学生在美国更青睐自然科学和工程学。2008年，超过一半的外国学生攻读的研究生专业集中在工程学、物理科学、生物科学和农业科学。而美国国内读这些专业的研究生只占研究生总数的15%。在美国读研究生的学生中有29%读教育学，而外国学生读教育专业的比例为5%。

2008年秋季美国各大学共招收了超过174万名研究生，其中博士研究生40.375万名，硕士研究生124.783 7万名，其余的则为攻读职业性博士学位的学生。60.7%的研究生就读于公立大学，30.8%的研究生就读于非营利性私立大学，8.5%研究生就读于营利性私立大学。

在攻读博士学位的研究生中，工程专业的研究生人数最多，占全部博士研究生总数的15.2%，自然科学占15%，社会和行为科学占14.3%，公共管理占1%，工商管理占3.1%。自然科学、工程学、物理科学和生物科学、农业科学等博士研究生数量总和占博士研究生总数的43.9%。

在攻读硕士学位的研究生中，教育专业是第一大专业，攻读教育专业的人数占所有硕士研究生总数的28.6%，攻读工商管理专业的研究生占23.4%，自然科学、工程学、物理科学和生物科学、农业科学等硕士研究生数量总和占硕士研究生总数的15.2%。下表为美国大学2008年秋季录取研究生人数的情况，在录取学生总数中除了攻读博士和硕士学位的学生外，还包括只获取研究生教育证书的人数，但在下表中未将这类学生列入。

美国大学2008年秋季录取主要学科研究生人数一览表

学科	总数	攻读博士学位人数	攻读硕士学位人数
总数	1 740 000	400 000	1 240 000
艺术、人文科学	105 368	42 345	62 131
生物和农业科学	74 063	44 886	29 089
工商管理	255 215	13 512	241 190
教育学	359 167	60 670	296 347
工程学	116 522	46 931	69 561
医学	134 686	28 686	105 645
自然科学	108 264	54 381	53 800
公共管理和服务	60 639	5 119	55 360
社会和行为科学	134 056	55 973	77 747

面向市场的研究生教育

大学毕业生就业难促使更多的学生寻求学业上的更上一层楼，以便能获得更好的就业机会。中国的研究生教育特别是硕士学位的教育，大部分专业还是以学术教育为主，基本上是本科学术教育的延伸，而不是重点培养适合于市场需要的高级职业人才。如果这种局面不改变，我们今天看到的大学生就业难的问题同样也会在研究生身上重演。

20世纪80年代到美国的中国留学生大多通过公派，许多人是攻读博士学位的，而且以理工科的为主。学文科的对英语的要求更高，能在商学院、法学院攻读学位的中国留学生不少本科是学英语的。数学基础好的学生在美国很容易转入其他热门的专业，如金融、统计、会计，这些专业要求较好的数学基础，而在国内如果是学这些专业，但数学不好的话，在美国学这些专业恐怕会比较吃力。

美国4年制公立、私立大学、学院共有2 500余所，每年培养出的硕士研究生有几十万名。报考硕士研究生，除了名校外，一般大学都比较容易被录取。申请人只要提交大学成绩单、GRE成绩单（个别学院有专门的入学考试要求，如商学院要求GMAT考试）、推荐信、个人申请声明，填好报名表并缴纳报名费，若符合学校的录取条件，就很快会被录取。

美国的研究生教育，可谓是入门容易出门难。一般为期2年的学习，课程压力很大。同美国白人学生相比，中国学生在考试上表现不错，大部分课程的成绩可以拿到A。但在英文、对美国文化、美国企业文化了解等方面，中国学生与白人学生相比则存在着较大的差距。因此，在就业时，白人学生就占了优势。

美国的研究生教育特别强调职业性，非常注重培养市场需要的人才，硕士重在培养各行各业的高级应用型人才。因此，硕士学位的教育也被称为“职业性教育”，而研究型的教育则被称为“学术性教育”。学生在攻读学位的过程中，不仅仅学习知识，而且还有很多参与企业实践的机会，包括到企业进行短期实习等。这样学生既了解了企业经营的模式和特性，又与企业建立了联系，往往在学生没毕业前，有兴趣的企业就会先把人“订”下来。

美国各专业研究生的录取，并不单纯是文理科分开、强调专业背景。很多专业欢迎不同学科的本科毕业生报考，如商学院的工商管理硕士学位，报考的人本科可以是学管理、金融，也可以是学历史、文学、计算机、大众传媒和生物、农业等。因为管理涉及各个行业，有了某一本科专业的教育背景，反而会形成自己在某一领域的优势。

不同于本科教育，美国大部分攻读硕士研究生的学生都没有奖学金，完全靠个人的投资。如果公立大学坐落在自己所居住的州，那么每年的学费要比外州学生便宜1万美元左右。

高回报率的 MBA 教育投资

不管经济是否景气，美国攻读商学院 MBA 学位的人数一直不减。远程教育、大学校园内的 MBA 项目均报考人数众多，竞争十分激烈。获得 MBA 学位，不仅是一张通向高层管理人员的通行证，而且在收入上也会获利丰厚。

管理人才是美国各个行业中最需要的人才，无论是在商业领域、工业领域还是在医疗、高科技行业等都离不开管理人才。经过良好教育的 MBA 毕业生在职场上具有很强的竞争力，尤其是名牌大学的 MBA 毕业生，更是市场的抢手货。但 MBA 学位的入学竞争非常激烈，每年申请攻读哈佛大学商学院 MBA 学位的人有近万名，而学校只招收不到 1 000 人；17 个斯坦福大学 MBA 的申请者当中，只有一人被录取；在过去 3 年申请攻读加州大学伯克利分校 MBA 学位的人每年都增加 16%。

在美国这样一个商业社会，各行各业都离不开管理人才，而培养管理人才最主要之地就是大学的商学院。美国大学商学院在所有类别学生中招生人数最多，除了本科生教育外，培养获得工商管理硕士学位（MBA）的管理人才也是商学院的一个主要目标。哈佛大学商学院是全美获得工商管理硕士学位所花费用最昂贵的学院之一，要想拿到工商管理硕士学位，2 年内的教育费用需要 106 880 美元。这是一笔不小的教育投资，然而与教育投资回报率相比，这种投资绝对是物有所值，因为在哈佛大学商学院获得工商管理硕士学位的毕业生，他们职业生涯的收入会高达 3 867 903 美元，也就是将近 400 万美元。哈佛大学商学院培养出的 MBA 管理人才能够获得高收入，这并不是一个单一的现象，根据布伦伯格商业周刊和薪水衡量网站所做的统计，在美国排名前 10 名的商学院获得工商管理硕士学位的毕业生，其职业生涯的收入均在近 300 万美元至近 400 万美元之间。在美国排名前 45 名的商学院获得工商管理硕士学位的毕业生工作 20 年后的平均收入为250万美元。以下为美国最著名的10所大学商学院工商管理硕士毕业生职业生涯的收入情况。

第一，哈佛大学。其商学院在美国所有大学商学院中排名第一，该院工商管理硕士（MBA）的教育费用为106 880美元。毕业生工作2年以内的中位收入为133 000美元，工作10年的中位收入为182 000美元，工作20年的中位收入为232 000美元，而在职业生涯中的全部收入可达3 867 903美元。

第二，宾夕法尼亚大学。其商学院驰名美国，该院工商管理硕士（MBA）的教育费用为101 865美元。毕业生工作2年以内的中位收入为137 000美元，工作10年的中位收入为161 000美元，工作20年的中位收入为203 000美元，而在职业生涯中的全部收入可达3 491 372美元。

第三，哥伦比亚大学。其商学院工商管理硕士（MBA）的教育费用为100 852美元。毕业生工作2年以内的中位收入为119 000美元，工作10年的中位收入为165 000美元，工作20年的中位收入为194 000美元，而在职业生涯中的全部收入可达3 349 669美元。

第四，斯坦福大学。其商学院工商管理硕士（MBA）的教育费用为102 642美元。毕业生工作2年以内的中位收入为123 000美元，工作10年的中位收入为149 000美元，工作20年的中位收入为206 000美元，而在职业生涯中的全部收入可达3 327 145美元。

第四，达特茅斯大学。其商学院工商管理硕士（MBA）的教育费用为96 295美元。毕业生工作2年以内的中位收入为124 000美元，工作10年的中位收入为142 000美元，工作20年的中位收入为181 000美元，而在职业生涯中的全部收入可达3 146 031美元。

第五，西北大学。其商学院工商管理硕士（MBA）的教育费用为98 148美元。毕业生工作2年以内的中位收入为117 000美元，工作10年的中位收入为141 000美元，工作20年的中位收入为190 000美元，而在职业生涯中的全部收入可达3 085 680美元。

第六，麻省理工学院。其商学院工商管理硕士（MBA）的教育费用为48 922美元。毕业生工作2年以内的中位收入为121 000美元，工作10年的中位收入为137 000美元，工作20年的中位收入为177 000美元，而在职业生涯中的全部收入可达3 031 132美元。

第七，芝加哥大学。其商学院工商管理硕士（MBA）的教育费用为101 013美元。毕业生工作2年以内的中位收入为111 000美元，工作10年的中位收入为137 000美元，工作20年的中位收入为184 000美元，而在职业生涯中的全部收入可达 2 970 437 美元。

第八，加州大学伯克利分校。其商学院工商管理硕士（MBA）的教育费用为 77 548 美元。毕业生工作 2 年以内的中位收入为 110 000 美元，工作 10 年的中位收入为 134 000 美元，工作 20 年的中位收入为 185 000 美元，而在职业生涯中的全部收入可达 2 960 527 美元。

第九，纽约大学。其商学院工商管理硕士（MBA）的教育费用为 91 860美元。毕业生工作 2 年以内的中位收入为 106 000 美元，工作 10 年的中位收入为 135 000 美元，工作 20 年的中位收入为 172 000 美元，而在职业生涯中的全部收入可达 2 918 748 美元。

第十，弗吉尼亚大学。其商学院工商管理硕士（MBA）的教育费用为 88 000 美元。毕业生工作 2 年以内的中位收入为 105 000 美元，工作 10 年的中位收入为 138 000 美元，工作 20 年的中位收入为 181 000 美元，而在职业生涯中的全部收入可达 2 908 136 美元。

美国博士毕业生都从事什么职业

美国是世界上培养博士人数最多的国家之一，博士学位获得者成为高等教育、尖端研究、高新科技发展重要的骨干力量。同时职业性博士学位又成为进入医学和法律界精英阶层的阶梯。相比之下，美国接受博士教育的人群，有一部分进入政界，但总体而言博士生从政的人数比例不大。

2008 年在美国 3 亿多人口中，获得大学学士学位的人数是 3 755 万；获得硕士学位的人数是 1 473 万；获得职业性博士学位的人数是 299 万；获得博士学位的人数是 247 万。两种博士学位获得者的人数为 546 万，占人口总数 1.8%，也就是 100 个人中有近 2 个人拥有博士学位。

美国拥有职业性博士学位和博士学位的人群所从事的工作分布在社会的各个领域，但最集中的是教育和医疗行业，共有 226 万，这些人主要担任大学教授和各种类型的医生。在专业性服务领域，博士学位拥有者就业人数也很多，为108万；在工业领域就业的博士生有22万多；在金融领域就业的博士生人数近15万；公共管理领域博士生的就业人数为30万，如果说这部分人全都是在政府部门就业，其比例在全美拥有博士学位的人群中所占的比例也仅为5.5%。

美国的博士一般不愿从政，主要的原因有三点：一是政治人物的职业生涯比较短，即使当上总统最多也只能干8年，少的是4年，况且也没几个人能当上总统；二是在教育、研究和科技等行业工作，有一种学者的风貌及精神，在社会上受人尊敬，在自己的职业生涯中易有成就感，同时收入也不菲；三是为官收入并不高，而且天天要接受媒体的监督，难以维护个人隐私权。

获得博士学位的人群应当说是美国的高收入人群，特别是从一个行业或是一种职业来看，博士学位拥有者在其所从事领域的收入往往都会在收入最高的前10名之列。美国州长的平均年薪是124 398美元，在美国须拥有博士学位的三大职业是医生、律师和大学终身教授，他们的平均收入又如何呢?

美国麻醉医生中收入最低的医生平均年薪为205 122美元，处于中间位置的麻醉医生的平均年薪从258 281至372 171美元不等，收入最高的麻醉医生平均年薪为422 903美元。全美麻醉医生的中位年薪为316 670美元。

大学法学院教授中收入最低的教授平均年薪为64 074美元，处于中间位置的法学院教授的平均年薪从93 436至192 743美元不等，收入最高的法学院教授平均年薪为238 800美元。全美法学院教授的中位年薪为142 155美元。

美国税务律师中收入最低的律师平均年薪为116 101美元，处于中间位置的税务律师的平均年薪从139 298至192 348美元不等，收入最高的税务律师平均年薪为217 451美元。全美税务律师的中位年薪为164 776美元。

博士学位获得者目前在美国的高收入行业中仍很抢手，而且未来也是供不应求。根据美国劳工部的预测报告，未来几年要求有职业性博士学位的工作岗位增长最快的职业是兽医、药剂师、脊椎指压治疗师、内科医生、外科医生、验光师；要求有博士学位的工作岗位增长最快的职业有大学教师、计算机和信息研究科学家、医学研究科学家、生物学和生物物理学家、临床和咨询服务师及教育心理学家。

在美国当蓝领的外国大学毕业生

美国移民政策研究机构在2008年年底发布的报告显示，到美国具有大学以上教育程度的外国移民中，有五分之一不得不从事非技术性工作而成为蓝领大军中的一员。造成这种现象的主要原因是他们陷于语言、移民身份等困境，为了生活只好放弃大学所学专业，从事一些美国中学毕业生所干的工作。

根据有关数据，截止2006年，美国有610万在其他国家完成大学教育后来美国定居的人，其中130万人从事非技术性的蓝领工作，例如开出租车、刷盘子、做保全人员和从事其他一些不需要专业技能的工作，也有一些具有高学历的外国移民在美国根本找不到工作，成为失业族。这意味着获得大学文凭的来美的外国移民中，每5个人中就有1人因语言文化或社会环境的限制而浪费自己的专业技能。

根据2005—2006年的统计显示，拉丁美洲和非洲移民中，有大学文凭却无法找到适当工作的比例最高，亚洲和欧洲移民中，从事非技能工作的人口比例实际上与美国本地人的比例相差无几。

虽然部分中国移民在美国就业也存在语言障碍，但在中国获得大学文凭的来美移民中，被迫从事非技能工作的比例，相对印度和菲律宾等国移民来说比较低。在中国内地新移民中，10%的技术工人从事非技术工作，在美国居住过一段时间后的中国移民中，这个比例增长到13%。

一般而言，来自非洲、拉丁美洲具有大学学历的移民要比来自亚洲和欧洲具有大学学历的移民更难找到技能型的工作，而在美国获得大学学历和在美国有过工作经历的移民，明显要比在美国以外获得大学以上学历和没有在美国工作经历的移民容易找到工作。

同样是移民，英语不熟练的人从事非技能工作的比例比精通英语的人从事非技能工作的比例高两倍，而拥有美国学历的移民要比那些在美国以外获得大学以上学历的人，在高技能岗位就业的比例高三倍。

对英语的精通程度是移民能否获得较理想工作最关键的因素之一，很多拥有高学历甚至是博士学位的华人移民因为英语不过关，只能在中国人聚集较多的城市生活，而所能找到的工作往往只是蓝领工作。

接受过高等教育的外国移民到美国后，为了能够在就业市场与接受过美国教育的人才竞争，往往要靠攻读美国的博士学位才能立足，这也是为什么外国移民攻读博士学位和职业性博士学位的人数比例要超过美国人的一个原因。来自欧洲和非洲的移民四分之一拥有博士学位和职业性博士学位，来自亚洲和拉丁美洲的移民五分之一拥有博士学位和职业性博士学位，而美国本土拥有博士学位和职业性博士学位的人数比例为十分之一。

在各国移民中，来自中国和印度的移民失业率较低，中国移民的失业率为10%，印度移民的失业率为12.5%。

中国学子赴美留学的新趋势

20世纪70年代，中美两国建交后，中国开始有计划地向美国派遣公费留学生，由此拉开了改革开放后中国留学潮的序幕。在30年的时间里，中国经历了4次留学高潮。上百万学子留学海外，有的学成回国，有的在异乡打拼。不论人们对留学潮的评论如何，有一点是肯定的，留学潮不仅对中国的社会及经济发展产生了重大的影响，而且正在逐渐改变中国的人才结构。

中国改革开放后第一波留学潮发生在20世纪80年代，留学生主要是国家公派的学生，除了访问学者外，大部分学生是去攻读研究生的。那时留学生主要集中在美国、英国、日本等国家，专业大部分是理工科。

20世纪90时代，中国留学潮出现新的变化，自费出国留学人员大增，而且读本科的学生人数开始上升，同时留学国家已不局限于美国等国家，加拿大、澳大利亚逐渐成为中国留学生出国的热点国家。

在20世纪末期，一股小留学生出国潮悄然兴起，带动了中国的第三次留学热潮。最初小留学生多到美国求学，后来由于美国对外国小留学生进入公立中小学有了严格的限制，澳大利亚、加拿大等国遂成为中国小留学生的新选择。

进入21世纪后，美国的高校尤其是名校纷纷向中国的高中毕业生招手，因此中国第四次留学高潮有了中学生赴国外攻读本科学位的新特点。

目前，如果看世界各国留学生的数量，中国远远超过其他任何国家。据专家预测，在未来的几十年中，中国留学生仍会在国际学生市场中占据主导地位。

中国学生海外留学最主要的国家中，美国排名首位，中国在美留学生人数占中国全部海外留学生总数的32%。其次是澳大利亚，占29%。英国为20%、加拿大为9%、亚洲国家为5%、法国为3%、其他地区为2%。

根据有关统计，2007年有超过35万的中国内地学生赴海外大学攻读学位，预计在未来的20年内中国留学生的人数将增至64.5万。

澳大利亚主要的学生招生代理机构的一份研究报告称，中国和印度成为亚洲两个最有发展潜力的国家，因为这两个国家很重视人才的培养。现在中国和印度是世界上到外国留学人数最多的国家，这种趋势将会持续下去。目前印度留学生在国际学生市场上占据第二的位置，但是仍远远落后于中国。2005年，不足13万的印度学生在海外求学，到2025年，印度有望超过中国成为世界上人口最多的国家，到那时估计会有30万名印度学生走出印度去国外大学就读。

国际留学生市场进入21世纪后仍在持续地增长，美国仍是外国学生最青睐的国家，美国每年招收的外国学生是招收外国学生数量占第二位的英国的两倍。

1988年，美国的中国留学生数量占据全部国际学生的首位。1994年，日本留美学生超过中国学生，成为国际学生人数第一名。1998年，中国留美学生人数反超日本，成为美国国际学生最大的来源国。2001年，印度留美学生激增，首度超过中国，成为美国国际学生人数最多的国家。从2001年至2007年，印度留美学生人数一直保持领先地位，而中国则一直维持留美学生人数第二的位置。

2007—2008学年，在美国的中国内地留学生人数为81 127，这比2006—2007学年增长了19.8%。中国内地留美学生的主体是研究生，研究生人数占留学生总数的65.4%，本科生人数占留学生总数的20.3%，其他类学生占 14.3%。

越来越多的中国高中毕业生到美国攻读本科学位成为中国学生留美潮的一个新趋势，而美国大学向中国高中生敞开大门也加剧了这一趋势。美国一流的名校如哈佛大学、斯坦福大学以及其他的著名大学加大了向中国的优秀高中毕业生招手的力度，这些学校不仅增加了中国高中生的录取人数，而且还为优秀的学生提供全额奖学金，这在过去是无法想象的。

哈佛大学招生学院院长威廉姆认为，美国大学招收优秀的中国高中毕业生将有助于维持美国大学招收国际学生的优势地位，特别是在数学和科学领域。威廉姆也谈到，他们招收中国优秀高中生没有名额的限制。

近几年来，中国学生申请美国大学的人数不断上升，除了常春藤等名校外，美国一些优秀的大学也成为中国学生申请的主要大学。例如 10 年前，申请弗吉尼亚大学的中国学生只有 17 人，2005 年有 117 名中国学生申请该校，到 2008 年，申请该校的中国学生人数上升到 800。

在 2007 年秋季以前，中国留学生在美国大学读本科的学生人数约为 9 000，但到 2007 年秋季，中国学生在美国高校读本科的学生人数已增加到 16 000。

中学生弃高考出国留学趋势难挡

在 2009 年中国的高考前夕，出现了高中生报考大学人数下降的情形，这种状况的发生反映出什么样的趋势还有待观察。但笔者比较有兴趣的是另外一则报道，讲的是重庆某重点中学一个班 29 名学生全部取得了美国大学的录取通知书。据了解，仅重庆一地，今年就有约 300 名学生放弃高考，选择留学。

高中毕业生参加高考人数下降和高中毕业生直接申请美国大学人数增多这两种现象同时出现，反映出民众对如何接受教育和接受何等程度的教育已出现多元化的选择。这是不是对中国的高考和大学教育务实的反思和批判，目前下结论还太早，但这种现象和趋势却是值得思考的。

参加高考的学生人数减少，反映出大学生就业难现象直接导致了学子对高等教育价值的重新审视，不能说这是一种新的读书无用论，但民众对子女教育上的投资无法获得相应的回报，就只能更加现实地去看问题。从另一个角度看，参加高考的人数下降，也将使一批高中生进入就业市场，从培养多层次人才的角度看，这未必不是一件好事。

多少年来，教育部门、学校和家长都在思考一个问题：为什么千军万马非要过一座独木桥呢？今天不少高中毕业生用实际行动回答了这个问题。在美国，即使每个高中毕业生都有进入大学的机会，但每年高中毕业生进入大学的人数只占应届高中毕业生的六成以上，三成多的高中毕业生放弃上大学而直接进入就业市场，这也是一个事实。

在2007—2008学年美国各大学招收的外国留学生中，印度的学生占第一位，中国留学生排在第二位。中国留学生赴美求学过去以公派为主，学生大多攻读博士学位。近几年，自费到美国留学的学生人数大增，而且从小留学生到读大学本科、硕士学位、博士学位各个层次的都有。但根据笔者的观察和了解，中国高中毕业生直接进入美国大学读本科的人数比例还不算太高，但越来越多的中国高中生申请到美国读大学的趋势却是很明显的。

美国的大学教育的确有利于培养人才，一名在中国最著名大学毕业的硕士研究生到美国一所大学读书后曾同我谈到，他很感慨，认为中国著名大学的硕士教育水平还不如美国一所普通的公立大学高。其实大家都心知肚明，在现行高考体制下进入大学的学生，在大学所接受的教育方式与中学又有多大区别呢？

笔者曾在巴黎和一位法国的朋友谈起中国人到国外留学的现象和一些特点，总的感觉是中国有钱人多把子女送到澳大利亚、新西兰这样的国家，因为这些国家入学门槛低，有钱很多事也就不难办了；到欧洲留学的学生大多是知识分子家庭出身；而到美国留学的学生，家庭背景比较复杂，有官员家庭背景的，有富豪家庭背景的，但更多的学生是靠自己的努力，靠优异的学业、个人表现而获得美国大学的青睐。

美国的大学在每年招生时都会录取一些外国最优秀的高中生，并给他们提供奖学金。中国学生在学业上有其竞争优势，用美国人的钱去接受最好的大学教育，这对中国的优秀高中生是有利的，也是对中国高等教育人才培养的一个补充。

有人担心，中国的好苗子都到国外了，中国高校的人才培养会受到损失，其实这是杞人忧天，中国绝不缺好苗子，也不缺好的人才，缺的是培养、挑选人才的合理机制，缺的是善用人才的方式。对于众多到国外留学的学子来说，国家如何制定更加具有吸引力的人才回国服务政策和机制、如何使“海龟”不成为“海带”才是最重要的。

中国小留学生美国生活实录

中国小留学生在美国是一个特殊的学生群体，经过十几年的演变，目前中国小留学生赴美学习已基本形成一种形态，即由国内的公立或私立的学校与美国的学校（一般是私立学校或语言学校）建立合作关系，组成小留学生团在美国进行为期三五个月或十个月左右的学习，学期完结后学生就回国。由于中国小留学生很少参加美国的社区活动，外界对他们在美国的生活、学习情况了解得不多。最近，一位小留学生家长向我披露了她的女儿及一部分中国小留学生在美国学习、生活的情况，我把它整理出来，为的是让外界能够了解这些学生的实际生活和学习情况以及家长对此的内心感受。以下内容是根据这位家长与我的交谈内容整理而成的。

一、小留学生的费用和日常生活

我的女儿今年 11 岁，以前在国内的一所私立学校读书。去年参加了一个小留学生赴美短期学习 10 个月的项目，8 月份来到美国。孩子到美国，我们同其他学生家长一样，交付了 19 万元人民币作为学费和孩子的住宿费，另加 5 500 美元的日常花销费用。

这个小留学生团共有 60 多个学生，学生的年龄在 10 ~ 11 岁之间。他们到美国后，白天主要到当地的一所私立学校和美国学生一起上课，他们在美国的监护权则由美国的一名华人担任。学生及随团来的中国教师被安排到私人的住宅居住，我女儿和其他 16 名学生及 2 名从中国来的老师被安排在一个公寓里，6个人一个房间，一名老师住在地下室。

这些中国小留学生每周一至周五的安排如下：

早上6点30分起床，17个学生排队在两个洗手间洗漱，然后吃早餐。因一共有50多个学生要在这间公寓的地下室吃早餐，所以早餐要分批吃。早餐为冷面包、花生酱、鸡蛋和牛奶。

吃过早餐，就读的美国私立学校会派出15个座位的校车分两次接学生到学校，剩下的学生由这些学生在美国的监护人提供的15人面包车分批送到学校。

从上午8点到中午12点，学生们在私立学校与美国学生一起上所在年级的课程。中午在学校吃午餐，每周有两次回到所住的住宅吃中餐。下午继续上课，直到3点30分。

从下午3点30分到6点，学生们在学校由中国国内来的教师上数学、语文以及英文辅导课。

晚上6点学生分批吃晚餐，每日的晚餐基本上是两菜一汤，主食是米饭，菜是一荤一素，荤菜主要是鸡翅、烧鸡腿或排骨。我女儿跟我讲，她到美国5个月，在住宅中吃的晚餐，海产品一共只吃了两次，而且都是吃虾。

晚上6点30分至7点是学生的洗澡时间，17个学生轮流在两个洗澡间洗澡。

从晚上7点到9点，学生们在地下室复习功课。

晚上9点到9点30分，学生每周一次可利用住宅中的一部电话同国内家长通电话，每人15分钟，由国内的家长给学生打过来。每两周学生有一次同国内家长通过MSN进行视频沟通的机会。

每月会有一个星期六安排外出购物，一次到公园烤肉。

星期六学生的伙食与平时不一样，早餐吃馄饨或豆腐脑，中午吃炸酱面，晚上吃的与平时晚餐基本差不多。女儿告诉我，在5个月中，她一共吃了2次包子，第一次分了1个，第二次分了2个。

星期天一天基本上是在学校上课，主要是上数学课、语文课和由国内来的老师讲解英文课。

在美国学习5个月的时间里，我女儿和其他同学除了到过南加州的迪斯尼乐园、环球影城、卡特琳娜岛和夏威夷以及少量的到美国人家的活动外，基本上是在学校和住宅内度过的。

二、我到美国探望女儿时的所见所闻所感

最近到美国来看望女儿，我的感觉是这些小留学生的住宿条件不好，6个人一个房间，这在美国很少见。按美国的生活水平及食品价格，孩子们每日的三餐应该吃得很好。但按孩子说的情况，他们每日的饮食显然对正在长身体的孩子们不利。同时，我还从其他学生家长和学生口中了解到一些我没有预料到的事情。

有一名学生在美国期间，曾发生四次晕眩，前三次，监护人和老师都说没事，也没有送医院检查，直到第四次陷入长时间昏迷，才被送到医院。当时这名学生的家长在迈阿密，得到消息后连夜坐飞机来看儿子。这名家长不懂英文，在医院只好找了一名华人义工帮她做翻译。医生告诉这位母亲，她儿子的病主要是心理上的，当这名母亲问医生需不需要看心理医生时，医生告诉她，不需要看心理医生，儿子只要跟妈妈在一起就好了。听完这些话，这名母亲决定不再让孩子留在美国了，大人和孩子都不应当承受这种痛苦，最后母子不等十个月的学习期结束就一同回国了。

在我女儿的宿舍，有的小留学生告诉我，有时候洗澡没有热水。我还听说，小留学生中曾发生过男学生趁女学生洗澡时偷拍的事情，但这件事没有人追究，所以也就不了了之了。而我的女儿只有11岁，我不能不为她担心。

前不久，我们给女儿打电话时，她说她想回家。我到了美国之后，女儿向我谈起了她的内心感受。有一次，宿舍中几个小女孩特别高兴，聊天聊过了规定的9点30分的睡觉时间。9点35分，中国老师将这几个小留学生全部叫起来，让她们收拾房间，捡地上的头发。10点钟，老师又将这几个学生叫到客厅，进行“纪律”教育。一直到11点，小学生们已困得不行了，这才获准回屋睡觉。

我女儿跟老师讲：“我要给爸爸打电话，我要回家。”老师却说：“你要有本事，你爸爸能在两个小时到这里，你就可以打。”但孩子们在这里，既没有电话卡，也不允许带手机，只能使用宿舍中唯一的电话在规定的时间由父母打过来。我女儿那时真的很想家，11岁的孩子也真的感到了无助。而老师却越说越气：“你爸妈养了你，现在把你们扔到这，他们都不管你们，我又不欠你们的。”直到凌晨2点，女儿终于被放行，可以回屋睡觉了。

11岁的孩子还处于对很多事情似懂非懂的朦胧状态中，在美国5个多

月里，我女儿对一些事物有了她自己的感受。女儿告诉我："美国的老师非常好，当他让我们做事情的时候，总会问我们喜不喜欢做这件事，如果我们喜欢，老师会一直鼓励我们做下去，如果不喜欢，老师会问我们为什么不喜欢。中国老师对学生却是你必须做这个、你必须做那个。"

女儿在美国与美国的老师和同学相处得非常愉快，她告诉我，她在美国小学的班主任对学生非常友善，经常把她们喝过的饮料瓶子收起来，卖掉之后给同学们买零食吃。有一次，在体育课上，女儿的腿受了点儿轻伤，体育老师马上过来给女儿包扎，边包扎老师边说"对不起，对不起"，这让我的女儿感到很温馨。

在美国，不少人问我："你们出于什么心态决定让11岁的孩子来这么远的地方学习，他们在这么短的时间内又能学到什么呢？"我思考之后的答案是："当时我的考量是，中国发展变化非常大，我们经济状况还不错，能让孩子到外面见见世面，学习英文，应当是一件好事情。现在看来，我们对美国的了解还不够，对中美之间现存的小留学生留学项目的实际操作了解得也不够，对孩子们在美国实际的生活、学习情况了解得也不够。"

经过这件事，我意识到当初送11岁的女儿到美国短期留学是一个愚蠢的决定，因此我决定带女儿回国。孩子在她的成长过程中，不仅要学知识、学英文，更要有对心灵的建设与人格的培养。

当我和女儿一起离开美国时，我的心里感受到一丝欣慰。部分中国小留学生在美国的生活状况已引起社会的关注，中文媒体连续大篇幅报道了中国小留学生的生活状况，中国驻美外交机构的人员也亲自实地进行了调查，并将有关情况报回国内，当地政府派出不同部门调查人员对中国小留学生的居住环境进行检查，这些小留学生在美国的监护人也对一些存在的问题进行了改进。而站在身边的女儿告诉我："等我长大了，我会到美国来读大学。"

中国留学生毕业后为什么要留在美国

中国有越来越多的年轻学子到美国留学，而且直接到美国读大学的中国高中生的人数也直线上升。按理说接受国外先进的教育对提高一个民族的高端人才素质应有着正面的推动作用，但如果到国外的留学生毕业后返回自己祖国的比例太低，则会被视为一国高端人才的外流。为什么会有相当大一批中国留学生在毕业后选择留在了美国（不论是短期的还是长期的），对其原因，中国国内许多专家早有研究和高见，这里笔者只从另外一个角度来观察，也就是中国留学生在毕业后面临“回国还是留美”这样一种心理上挣扎的困境。

一个人不论他如何才高八斗、被称为社会的精英，在人生的长河里他无可避免地要面临事业与家庭的选择。在美国，这种选择不是游戏，为了事业牺牲家庭或是为了家庭放弃事业，都不是一种最佳选择。美国社会极端个人主义和激烈竞争的特性，使得中国留学生一方面将个人的前途看得比集体主义更重，另一方面也对不靠父母、不依权势而靠个人努力取得成功更有自信。这种观念和社会生存环境的关系就犹如人们置身于“泰坦尼克”大船上一样，要么随它前行，要么跟它一起沉没。

在美国的中国人（笼统地称为华人）大致可以分成三类：一是在中国或美国接受过高等教育的人，他们选择留在美国主要是考虑事业和家庭；二是经商者，他们大多腰缠万贯，在美国冀望淘金，还有一部分人在美国做些小生意，过着小康的生活；三是纯粹为了经济原因来到美国的人，其中有合法移民也有非法移民，他们大多从事蓝领工作，处于美国华人社区的最底层。虽然每年的收入不高，却能为家乡的亲人解决生活之忧。

本文重点谈第一类华人，他们中几乎所有的人都接受过良好的高等教育，在国内时就很出类拔萃，如果当年在美国完成学业后回国，现在至少也是个教授、大学学院院长或是政府部门的中层官员。这实际上是一部分

“海归”今天在中国所拥有的社会地位。因此，一些当初留在美国的精英，虽然现在也有房、有车、有高收入，但看到10年、20年后“海归”的这种变化，尤其是其社会地位的变化，也常感叹早知今日，不如归去。当然这只是一部分人的感慨。从历史角度看，华人在美国的社会地位现在已有很大的提高，但真正能成为美国社会精英的华人毕竟还是少数。虽然大部分华人可以在物质条件上有满足感，但在美国主流社会中仍属于边缘化的一族。

在为什么留在美国这个问题上，80%以上接受过高等教育的华人恐怕都有一个共同的原因，那就是为了下一代的教育。美国的高等教育水平是不言而喻的，每年都有大量的华人第二代进入美国的名校。可以说，很多留学生当初选择留在美国，除了自己的事业外，更多的是考虑家庭的未来，特别是子女的未来。美国普通教育的质量在世界上并不是一流的，但有利于学生自我个性的发展。一些留学生在考虑回国时最担心的问题是孩子无法适应中国的教育方式，每天陷入书本、考试和分数之中。

一位在美国大学毕业后留在美国工作的中国留学生谈到了他对美国普通教育的观察，有一次他到学校接儿子，在学校走廊上看见一则公告，内容是根据某年某法案，此辖区内所有孩子有权在这所学校接受教育，不管你是这儿的居民，还是寄居在这儿的亲戚家，甚至是无家可归者。也就是说，即使你住在这个地区的某个桥洞下，你的孩子仍然可以在这所学校得到免费教育，而这所学校是当地最好的学校。

美国的普通教育注重的是人人都能有接受同等质量的教育的权利，而不是搞精英教育，所以美国中小学生实行就近入学的方式，美国公立中小学也不分普通学校和重点学校，而是按照州统一制定的教学标准来授课。很多留学生放弃回国，从某种意义上说是放弃了自己在国内的个人发展前途，而将子女的教育放在了首位。这可以说是中国人与其他民族很不一样的一个地方，为了孩子的未来，父母可以作出巨大的自我牺牲。从现实角度讲，先不说现在国内教育的教学、考试、升学体系存在需要大力改进之处，就从中国父母为了孩子上幼儿园、上好的学校在金钱上的花费来看，也让不少留学生看着心里发颤。在美国留学，如果是靠奖学金，那一年下来也剩不下多少，毕业后也还是一个穷光蛋。在中国，孩子接受普通教育所花的钱据说比大学教育费用还要多，而美国的普通教育，一直到高中毕业全部是免费，在注重子女教育的中国留学生心中，天平自然会向这一方倾斜。